AF281862

Über das Buch

„Mit Boulevard gegen Dallas" ist 1992 das erste Mal erschienen als *Wissenschaftliche Hausarbeit zur Erlangung des akademischen Grades eines Magister Artium* der Universität Hamburg

Der Autor

Thorsten Weckherlin, 1963 in Hamburg geboren, studierte in der Hansestadt Literaturwissenschaft und Geschichte. Mit zwanzig begann er für das Theater zu arbeiten – als Theaterkritiker. 1993 wurde er Regieassistent von Peter Zadek am Berliner Ensemble. Ein Jahr später baute er das Berliner-Ensemble-Tourneetheater auf. Erste Inszenierungen. Freie Theaterarbeit in den Neuen Bundesländern, 1998 bis 2000 Leitungsmitglied am Schauspiel Leipzig. Thorsten Weckherlin lebt in Berlin, verheiratet, ein Sohn.

Thorsten Weckherlin

Mit Boulevard gegen Dallas

Das Theater von Peter Zadek als kritisches Vergnügen

Kunst kommt nicht von Können

Für E. I.

Originalausgabe

2001

Herstellung: Books on Demand GmbH, Norderstedt

Umschlag Photo Rolf Arnold

Umschlaggestaltung Jana Schletter

ISBN 3-8311-2276-8

Inhalt

Einleitung

Hätte sich Peter Zadek Ende der fünfziger Jahre nicht dazu entschlossen, aus London, wohin er 1933 mit den Eltern emigriert war, nach Deutschland zurückzukommen, wer weiß, die deutsche Theaterlandschaft sähe heute vielleicht noch trauriger aus, als sie es ohnehin schon ist.

Peter Zadeks Inszenierungen in Ulm, Bremen, Hamburg, Berlin haben entscheidend dazu beigetragen, das deutsche Theater zu entmiefen, mehr Leben und Wahrhaftigkeit auf die Bühne zu bringen und viele Besucher von ihren schöngeistigen Blähungen zu befreien, von denen sie, sobald sie einen der „Musentempel" betraten, befallen wurden.

„Mit Boulevard gegen Dallas", so der Titel. Worum geht es dabei? Es geht um Zadeks Lust am Lustspiel, am „Boulevard" und somit um seinen Boulevard-Begriff, dem mit dem deutschen Kategoriedenken (Komödie – Tragödie – Unernst – Ernst) nicht mehr beizukommen ist. In Deutschland kleben die Etiketten fest am Boulevard-Theater: oberflächlich sei es, eben nur-lustig. Mehr nicht. Peter Zadek nimmt den Begriff „Boulevard-Theater" wörtlich: „Ein Boulevard ist ... eine breite Straße ... mit vielen Geschäften, vielleicht ist eine Baumallee in der Mitte, eine Straße, die viele Leute gern begehen, auf der sie sogar öfters wimmeln."[1] Boulevard-Theater ist für ihn somit „Theater der wimmelnden Massen, Theater für alle, Theater, das ganz nah an der Straße stattfindet". Die „stinkfeine Haltung der deutschen Kulturelite" müsse sich daher ändern, „wenn man ihr wirklich glauben soll, daß Theater für alle sein soll".[2] Ob Zadek Shakespeare inszeniert oder den britischen Boulevard-Fabrikanten Alan Ayckbourn, immer überschreitet er mit seinem Theater die traditionellen Genre-Grenzen. Klassifizierungen mit Hilfe herkömmlicher Gattungs-Modelle sind nicht mehr möglich. Tragödie und Klamotte erzählen dann dasselbe: Katastrophen und Konflikte, Leben und Lebenskampf.

„Mit Boulevard gegen Dallas". „Dallas"? Diese amerikanische Serie der 80/90er Jahre mit ihrer fast unvorstellbaren Popularität steht hier als Symbol für ein neues Fernsehzeitalter, für – und dies ist hier ausschlaggebend – das Recht auf Unterhaltung[3] und für eine tonnen–schwere Konkurrenz, dem das Theater ausgesetzt ist. Zadek hebt den Fehde–Handschuh der Dallas–Dynastie auf: „Also muß das Theater unterhaltend sein, wenn es nicht nur die Handvoll Theatermanen haben will, die sowieso kommen."[4] Denn: „Schlechte Unterhaltung ist natürlich genauso wenig Kunst wie schlechte Langeweile. Molière und Shakespeare und Ayckbourn und Wedekind können unterhaltende Kunst sein oder ganz einfach langweilig und flach."[5]

Da Menschen sich verändern, verändert sich alles um sie. Wer am Zuschauer vorbeispielt, hat ausgespielt! Die Leute gehen ins Theater, um sich zu unterhalten, um sich zu erheben, um eventuell weinen zu können oder um irgend etwas zu erfahren. Ist das Theater, das Spaß bringt, trivial? Das erste Kapitel versucht – in einem Problematisierungs-Vorlauf –, sich dem Boulevard-Theater unter Zuhilfenahme literaturwissenschaftlicher Definitionsversuche zu nähern. Daran anschließend: „Zadek – der lachende Dritte". Hier geht es um die wissenschaftlichen Kampfbegriffe 'Hohe- und Massen-Kultur' und um die Unterhaltungsgegner, die Zadeks Theater nicht berühren, ja nicht berühren können, da der Regisseur mit seinem Theater, das unterhält, neue Wahrnehmungs-Muster aufzeigt, die den Weg frei machen zu einem (neuen) ästhetischen Erlebnis. Eine Ästhetik à la Adorno, die eine implizite Ästhetik des Erhabenen ist, kann heutzutage – so wird man sehen – das Zadeksche Bühnen-Konzept nicht mehr treffen. Sie ist von vorgestern.

„Was soll das Theater?", fragt der Kritiker und Ex-Intendant des Frankfurter Schauspiels, Günther Rühle, in seinem 1992 erschienenen Buch.[6] Ein Fragen in unbestimmter Richtung mache sich im Theater breit, ja sogar Sprachlosigkeit, sagt Rühle. „Das westdeutsche Theater wurde von den umstürzenden Entwicklungen in der DDR so überrascht und fand sich sprachlos wie die bundesrepublikanische Gesellschaft selbst."[7] In der Tat: Die Theaterformen sind von den Theaterinhalten nicht zu trennen. Die Welt ist – mal wieder – aus den Fugen. Die Zeit der schönen Utopien ist vorbei. Die gesellschaftlichen Veränderungen in Osteuropa, das Verblassen alter Träume, der Abschied von verbrauchten Denkmodellen brachte den ganzen Überbau ins Schleudern. Das Theater als Spiegel der Welt schlingert mit. Wer auf der Bühne nach festen Orientierungspunkten sucht, sucht vergebens. Entschädigt wird er durch Vielfalt. Sing-, Sprech- und Tanzbühne, das Angebot ist groß.

Das Theater ist so langweilig, sagen die Langweiler. Es müsse etwas passieren, egal, was, sagen die, denen alles egal ist. Am meisten passiert das, was egal ist, zur Zeit bei den Theater-Machern, die ihr Publikum nicht kennen, es nicht kennen wollen, weil bei ihnen früher ausverkaufte Häuser an der Tagesordnung, leere Plätze selten waren. Hier kommt plötzlich Peter Zadek mit seinem Theater und seinem Wunsch, Leute ins Theater zu holen, die sonst das Theater meiden: „Ich will kein intellektuelles, subtiles Theater, ich will scharfe Kontraste, Schocks!"[8] Schocks bloß als reine Provokation, um bei den Leuten Entrüstung zu verursachen? Ist es nur das, was Zadek will? Walter Benjamin schrieb einmal: „Das Bedürfnis, sich Chockwirkungen auszusetzen, ist eine Anpassung der Menschen an die sie bedrohenden Gefahren."[9] Ist vielleicht das Zadeks Schock-Begriff?

Und die Gefahren, die die Menschen bedrohen? Das ausgehende 20. Jahrhundert bietet dem Menschen eine große Palette, wobei beispielsweise unsere hoch-computerisierte und vernetzte Welt noch das geringste Problem darstellt. Denn mag der Globus nur noch ein gigantischer Giga-Chip sein, durchschaut und verstanden von wenigen – sozusagen eine Oligarchie der Mega-Bytes –, „der Mensch", so Winnie in Samuel Becketts „Glücklichen Tagen", „paßt sich jeder Lage an". Die nähere Zukunft – sie könnte so ausschauen: Die Wohnung als High-Tech-Festung, eine androide Roboter-Haushälterin als Ersatz für die entflohene Ehefrau, Terrorismus und Straßenbanden – alles Dinge, die auf den Menschen einzustürzen drohen. Und wer sich jetzt an Aldous Huxleys „Brave New World" zu erinnern glaubt, der irrt. Hier wurde soeben die Inhaltsangabe von Alan Ayckbourns „Henceforward..." („Ab jetzt") wiedergegeben; Zadek inszenierte diesen Thriller 1989.

Wenn Zadek sich mit dem Problem Faschismus und Judenvernichtung beschäftigt, macht er es mit den Mitteln einer die Betroffenheits-Ästhetik negierenden Revue. In jeder 'Betroffenheit' steckt immer eine Entlastungs-Strategie, die in einer Revue nicht mehr zum Zuge kommen kann. Zadek, selbst Jude, begründet das so: „Wenn ich etwas ganz furchtbar ernst nehme, mache ich es eigentlich immer als Komödie."[10]

Der bereits erwähnte englische Stücke-Vielschreiber Alan Ayckbourn feierte mit seinen Komödien schon Mitte der Siebziger Triumphe in seiner Heimat. Deutsche Verleger versuchten damals verzweifelt, Stücke an die Bühnen zu bringen. Knapp zehn Jahre später wachte „Theater Heute" auf, schmiß sich auf den Engländer, von dem FR-Kritiker Peter Iden behauptet, er (Ayckbourn) habe weder einen Blick für die Welt noch gar die Fähigkeit, auf der Bühne eine Welt zu schaffen. Denn: „Seine Figuren sind allesamt Flachgründer. Langweiler, die den Mund zu Scherzen öffnen, bemerken aber nicht, bemerken es nie, daß sie die Welt ärmer machen mit ihren

18

Wörtern."[11] Peter Zadeks Inszenierung von Alan Ayckbourns „Ab jetzt" wurde beim Publikum ein satter Erfolg.

Über Volkstheater und Boulevard-Theater muß neu nachgedacht werden. Lebendiges Theater läßt sich nicht kategorisieren. Die gängigen Begriffe reichen nicht mehr. Freches, heiteres Theater kann gleichzeitig politisch und progressiv sein. Und sollte Peter Zadeks Beschreibung vom Boulevard-Theater nicht nur auf das Publikum, sondern auch auf den Vorgang zutreffen, so „ist es Theater, das die wimmelnden Massen beschreibt und spiegelt. In anderen Worten: sowohl Shakespeare als auch Ibsen und Curt Goetz".[12]

Theater-Krisen hat es immer gegeben, und über die Krise zu klagen, ist der beste Beweis dafür, daß das Theater noch lebt. Die Theater-Krise heute kommt jedoch schleichend daher, sie nährt das Theater nicht mehr, sie zehrt es aus, und ihr Ende ist nicht abzusehen: Die Unlust auf der Produzenten-Seite, Theaterstücke zu schreiben; die Unlust des Publikums, sich zu langweilen. So versucht das Theater, ohne zeitgenössische Autoren auszukommen. Den Regisseuren an den Staatsbühnen bleibt zur Zeit nur noch die Möglichkeit, alte Stücke umzudeuten oder gar zu zerschlagen. Regisseure wie Peter Stein, Claus

Peymann, Dieter Dorn und Peter Zadek lieben das lustvolle Eigenleben der alten Stücke.

Zadek aber geht weiter: Er hat die Commedia dell' arte wiederentdeckt, „diese vorweggenommene längste Fernseh-Serie der Welt".[13] Im Zeitalter der Unterhaltungsindustrie macht Zadek ein Theater, das dem Bedürfnis, sich unterhalten zu wollen, geradezu gehorcht. Die Attraktivität der Unterhaltung ist für ihn ein Axiom. „Wir amüsieren uns zu Tode", sagt der amerikanische Medienökologe Neil Postman.[14] „Genau!", sagt sich Peter Zadek, wobei er die „Massenkultur" mit großer und wacher Neugier und ohne Vorverteilung betrachtet. Dabei hat er auch in der Wissenschaft Verbündete: Umberto Eco fesselte „die Dialektik zwischen 'schwieriger' und 'einfacher' Kunst",[15] Wolfgang Welsch die Dialektik zwischen Ästhetik und Anästhetik, mit dem Gedanken, inwieweit „ästhetisches Denken heute in besonderer Weise zum Begreifen unserer Wirklichkeit fähig ist",[16] egal, ob es sich bei dem 'Kunstwerk' um einen Pop-Star wie Madonna handelt oder um Friedrich von Schiller. Und Hans Dieter Zimmermann schaffte den Begriff „Trivialliteratur" einfach gleich ab, „Schema-Literatur" solle sie von nun an heißen.[17] Damit muß man sich beschäftigen. Denn Zadek bedient hier das „Schema" (in diesem Fall des „Populärtheaters", das wiederum – bezogen auf Alan Ayckbourn – auf „Trivialliteratur" beruht) und – darauf kommt es an – bricht es gleichzeitig. Darin liegt seine Finesse, das ist Zadeks Theater-Konzept und das macht den Hauptteil hier aus: Vier Schema-Brüche begeht Zadek mit seiner „Ab jetzt"-Inszenierung. Die Analyse der Aufführung wird deutlich machen, daß der Regisseur mit der Erwartungshaltung des Publikums spielt, es immer wieder täuscht. Das beginnt alleine schon damit, daß Peter Zadek während seiner Hamburger Intendanz am Deutschen Schauspielhaus, das bekanntermaßen die größte Staatsbühne in der Bundesrepublik ist, das 'Boulevard'-Stück „Ab jetzt" an einer Privat-Bühne inszenierte. Das irritierte nicht nur das bundesweit erscheinende Feuilleton. Daß der Direktor einer staatlich hochsubventionierten „Bildungsanstalt" (Zadek über die Staatsbühnen[18]) überhaupt ein Boulevard-Stück zur Aufführung bringt, ist der erste Schema-Bruch. Was ist „Ab jetzt", das im Original „Henceforward..." heißt, eigentlich für ein Stück, und wer ist dieser Autor Alan Ayckbourn? – Fragen, die hier beantwortet werden. Bruch zwei beschreibt das, was Zadek aus diesem Schwank, der gar keiner ist, gemacht hat. Ein Gespräch mit der Staatsschauspielerin Susanne Lothar, die in „Ab jetzt" die Hauptrolle spielt, markiert den dritten Bruch. Denn Zadek führte das

Stück mit Staatsschauspielern auf. Wie diese drei Brüche auf das Publikum wirken, schildert der vierte: „Der verwirrte Zuschauer – Fragezeichen im Kopf, Sektglas in der Hand."

„Mit Boulevard gegen Dallas" versteht sich, exemplarisch festgemacht an Ayckbourns „Ab jetzt", als Annäherung an Zadeks allgemeines Theater-Verständnis. Ob er dabei 'nur' den Boulevard ästhetisiert oder eine neue Ästhetik schafft, wird daher zu untersuchen sein.

Die Wahrnehmung der Kunst hat sich in den letzten zehn Jahren stark verändert, somit auch das ästhetische Denken. Der Weg zum Anderssein führt über die ästhetische Differenzierung. Das Theater, das nicht verstauben will, muß mitziehen. „Zadek – schon immer anders als die anderen" lautet das letzte Kapitel. Es umreißt Zadeks Theater-Laufbahn vom Aufbruchstimmungs-beseelten Theater der sechziger Jahre bis Mitte der neunziger.

Das Boulevard-Theater in Deutschland und das akademische Vorurteil

Wenn etwas von der Theater-Forschung vernachlässigt worden ist, dann ist es das Boulevard-Theater. Es existieren zwar eine Reihe von Arbeiten über einzelne Boulevard-Autoren,[19] doch über das Boulevard-Theater als Genre, über seine Funktion innerhalb der Gesellschaft und über sein Publikum liegen kaum wissenschaftliche Untersuchungen vor. Die Ursache dafür ist leicht gefunden: die akademische Ignoranz. Das wissenschaftliche Desinteresse, das Boulevard-Theater als Forschungsgegenstand zu akzeptieren, wird begründet mit der Trivialität: „Allenthalben werden in den Ländern unseres Kulturkreises Boulevardstücke, lokal bedingte Possen und Schwänke gespielt, von denen nicht ausführlich die Rede zu sein braucht, weil sie kaum mehr als für den Tag bzw. für den Abend bestimmte theatergeeignete Gebrauchsware sein wollen."[20] Auch wenn sich die Theater- und die Literaturwissenschaft immer mehr als publikums- bzw. leserorientierte Wissenschaften begreifen,[21] die Berührungsängste sind einfach da, man tut sich schwer mit dem Boulevard. Und das, obwohl für weite Kreise der Bevölkerung das Boulevard-Theater das Theater schlechthin ist.

In der Literaturwissenschaft wird das Boulevard-Theater von seiner Funktion her definiert als „Unterhaltungstheater", das mit Hilfe von „spritzigen Dialogen" und „erprobter Situationskomik" den Zuschauern „typische Verhaltensweisen im Bereich des bürgerlichen Alltags" zeigt. Dabei häufen sich in der Bühnenhandlung Themen wie „Ehebruch und Geld", die sich nicht nur leicht lösen lassen, sondern auch „auf die Bedürfnisse des Publikums zugeschnitten" sind.[22] „Im 18. Jahrhundert, im Zeitalter der Theatromanie, wurden zu privaten und gesellschaftlichen Anlässen Theaterstücke von Berufsschauspielern oder auch von den Gästen selber aufgeführt. Die Thematik dieser Stücke, ... spiegelte die ironiegeladene Atmosphäre, die Freude am geschliffenen Satirischen und bediente sich prickelnder Erotik. Das Theaterspiel führte das Gesellschaftsleben fort."[23] Kurzum: Das gesellschaftliche Leben des Salons, der Straße und des Geschäfts sind die neuen Themenbereiche auf dem Theater.[24] Und daß der Alltag schon damals grau war, ist klar. Er hatte hier die Funktion einer Kulisse für Nichtalltägliches.

Die geistige Heimat des Boulevard-Theaters ist die Großstadt. Gero von Wilpert schreibt in seinem „Sachwörterbuch der Literatur": Boulevard-Theater seien „die großen Pariser Boulevard-Theater zu Ende des 19. Jahrhunderts". Diese zunächst geographische Örtlichkeit ist für Wilpert dann aber gebräuchlich für alle Stücke, die „bühnensicheres Unterhaltungslustspiel ohne besondere Bemühung um gehaltliche Tiefe oder avantgardistische Formexperimente" sind; „meist handwerklich saubere, im Zeitgeschmack verpackte, harmlos reizvolle Erfolgsstücke (besonders Ehebruchskomödien) des Gebrauchstheaters mit geistreich brillantem Dialog, chargierender Philosophie und dankbaren Rollen".[25] Als dramaturgische Gattung der breitgefächerten Unterhaltungsliteratur findet das Boulevard-Stück dort seinen Platz, „wo die Esoterik der gehobenen Dichtung und ihre anspruchsvolle Kunsttheorie" für den größten Teil des Publikums Schranken errichten: „In der Lücke zwischen dem Bedürfnis der Masse und der anspruchsvollen Kunstliteratur. ... diese Unterhaltung verzichtet auf stilistische und darstellerische Extravaganzen zugunsten einer vielfach an vergangenen Epochen geschulten mittleren Breitenlage von handwerklicher Sauberkeit und mündet bei der Deutung des Daseins zumeist in herkömmliche bürgerliche Vorstellungen."[26]

Mit anderen Worten: Wenn es eine Funktion des Boulevard-Theaters gibt, dann ist es die Unterhaltung. „Amüsieren, das war in früheren Zeiten oberstes Ziel des Mimus, der Farce, der leichten Komödie. Es ist heute erklärtes einziges Ziel des 'Boulevardtheaters' in all seinen Schattierungen", sagt Wilperts Berufskollege Schoell. Und weiter: „Für die Boulevardtheater geht es um ein großes und zahlungskräftiges Publikum. Es ist dies ein Publikum, das nach einem Tag des Geschäftsleben oder des anstrengenden sight-seeing, sich für sein gutes Geld angenehm und ohne Anstrengung amüsieren will. Das ist seit hundert Jahren so, und wenn das Theater dieses Amüsement nicht mehr zur Genüge verschafft, dann geht man ... heute gleich ins nächste Striptease-Lokal."[27]

Für Schoell ist das Boulevard-Theater nicht mit dem „literarischen" Theater zu vergleichen, sondern mit Unterhaltungssystemen im Bereich der Gesellschaft, deren Ziel es eben ist, den Zuschauer zu amüsieren. Sozialkritik im Boulevard kann Schoell nicht ausmachen. Und falls doch ein Hauch von Sozialkritik bei einem Boulevard-Autoren durchschimmern sollte, dann sind „die Handlungsschemen so konventionell, daß der sozialkritische Einschlag der Leichtverdaulichkeit in nichts im Wege steht".[28] Literarisch weiterentwickelt haben sich die Boulevard-Stücke für ihn auch nicht: „Beim Amüsiertheater brauchen wir

26

kaum Rücksicht auf die Chronologie zu nehmen; ... da hier keine entscheidende Fortentwicklung der Sprache, der Form stattgefunden hat. [...] Es stellt sich vielmehr heraus, daß ähnlich wie der Trivialroman das Boulevardtheater mit seinen alten Rezepten sich kaum in der Geschichte wandelt, kaum historisch fixierbar ist."[29]

Für Peter Haida fand indes eine Evolution statt. Der Zuschauer durfte zwar weiterhin lachen, am Schluß verweigerte so manches Stück jedoch plötzlich das happy-end. Die Entwicklung erfolgte „durch eine Ablösung des gattungskonstituierenden Prinzips 'positiver Schluß' und seine Ersetzung durch einen negativen. Die alte Form besteht zwar neben der neuen weiter, verliert aber jede Bedeutung als künstlerische Aussagemöglichkeit. Sie wird trivialisiert und dient nur noch der Unterhaltung."[30] Ein Stück ohne diesen „gattungskonformen Schluß"[31] bot somit dem Publikum die Möglichkeit, sich von der Figur auf der Bühne zu trennen und über das Geschehen dort nachzudenken.

In der DDR der siebziger Jahre sah man das Boulevard-Theater auch nur als reines Unterhaltungsunternehmen. Betont wurde hier allerdings sehr stark der Zusammenhang mit der spezifisch bürgerlichen Form der 'guten Gesellschaft'. Und mit diesem Zusammenhang mochte man sich noch nicht anfreunden, das sollte erst Ende der achtziger Jahre passieren. 1975 bezeichnet Joachim Fiebach das Boulevard-Theater als „illusionistisches, idealistisches Theater", das vor allem „die Verschönerung und Verklärung bourgeoiser Geselligkeit diente, die rein konsumtiv genossen werden konnte", ja als „banales Erbauungstheater, in das man – gelegentlich – flüchten konnte".[32] Heute hat man nichts mehr gegen die bourgeoise Gesellschaft, ins Theater flüchten will man aber auch nicht mehr – die bleiben in der ehemaligen DDR leer.[33]

Festzuhalten bleibt, in Deutschland hat das Boulevard-Theater das Stigma der Trivialität. Und Trivialität hat viele unerquickliche Synonyme: Plattheit, Seichtheit, Flachheit, Oberflächlichkeit, Gehaltlosigkeit, Inhaltslosigkeit, Geistlosigkeit, Bedeutungslosigkeit – wer noch weitere sinnverwandte Wörter haben möchte, schlage im Duden nach. Die Literaturwissenschaft tut sich weiterhin schwer, ihre Definitionsversuche oder Bewertungsfragen – auch im Kontext von 'Trivialliteratur' und 'Populärer Kultur' – klingen gleich, ob sie nun vor dreißig Jahren formuliert wurden oder heute. Manfred Brauneck, der 1986 sein „Theater Lexikon" herausgibt, eröffnet auch nichts neues, außer daß er den monetären Faktor ausdrücklich erwähnt: „Unterhaltungstheater auf kommerzieller Grundlage, oft mit Erfolgsstücken."[34] Übersetzt hieße das doch: Theater, das Spaß macht, die Leute anzieht und die Taschen des Theater-Chefs füllt. Brauneck meint hier wohl die Privattheater. Für die hochsubventionierten Bühnen, sprich die Staatstheater, müßte per definitionem der Rückschluß gelten: Langweiliges Theater, das nur wenige sehen wollen und das kein Geld bringt. „Show heißt Schau, und Biz ist die amerikanische Abkürzung für Business, das heißt Geschäft, zwei Aspekte des Theaters, die auch heute noch in Deutschland oft verpönt sind. Mit dem Begriff Show verbindet sich Oberflächlichkeit, und was das Geschäft angeht, so gilt es als wichtiger, von Kritikern und Literaten zu erfahren, man habe große Kunst geliefert, als daß ein Publikum sich in Massen zur Kasse begibt."[35]

Das „Boulevard-Theater" definitorisch einzugrenzen, fällt Brauneck in seinem Lexikon schwer. So kommt es durch die Hinweis-Pfeile zu einer „Tour de Lexique": Vom „Boulevardtheater" zum Stichwort „Unterhaltungstheater", von da zur „Komödie", weiter zum „Schwank" via „Posse" ins „Lustspiel", zurück zur „Komödie", um von dort in die „Farce" zu kommen, dann über „Volkstheater" zum „Kriminalstück", Zwischenstation bei „Burleske" plus Abstecher „Commedia dell'arte".[36]

Da klingt es schon fast erfreulich, was Horst Laube 1959 schreibt. „Das einfache Schauspiel mit einfachen wahrhaften Motiven, welches unter rührenden Szenen zu einem glücklichen Ausgang führt, ist und bleibt die populärste Form in unserem Theater."[37] „Wahrhafte Motive" ist hier positiv gemeint. Und dieser Satz zeigt darüber hinaus, daß sich das Boulevard-Theater trotz aller „Frivolitäten" und komischen Verwicklungen etwas zu eigen gemacht hat: Verständlichkeit, Sentimentalität und Spaß in einer Darstellungsweise, die vergessen lassen soll, daß gespielt wird. Und das muß nicht „Verzicht auf Tiefe" bedeuten, wie Otto Rommel meint, der im „Gesellschaftslustspiel" nur ein „eifrig bejahtes Weltbild" ausmachen kann.[38]

Zusammenfassend kann gesagt werden: Die Grenzen zwischen „Unterhaltungs"- und „Kunst"-Theater lassen sich nicht architektonisch als festzementierte Trennungslinien auffassen. Sie verlaufen fließend. Nicht nur „Klassiker" und „Kunst" können unsere Welt, unser Leben, unseren Alltagstrott (im Englischen: „the trivial round") spiegeln und beschreiben, das kann und muß auch in einem lebendigen Theater geschehen. Eine klassizisti-

30

sche Stiltrennungslehre, die sich auf Aristoteles beruft, gilt nicht mehr:

„Wer noch Magen hat, und ich kann ihm mit einem bisher unübersetzten – Volksstück – Komödie von Shakespearn aufwarten. – Seine Sprache ist die Sprache des kühnsten Genius, der Erd und Himmel aufwühlt, Ausdruck zu den ihm zuströmenden Gedanken zu finden. Mensch, in jedem Verhältnis gleich bewandert, gleich stark, schlug er ein Theater fürs ganze menschliche Geschlecht auf, wo jeder stehn, staunen, sich freuen, sich wiederfinden konnte, vom obersten bis zum untersten. Seine Könige und Königinnen schämen sich so wenig als der niedrigste Pöbel, warmes Blut im schlagenden Herzen zu fühlen oder kützelnde Galle in schalkhaftem Scherzen Luft zumachen, denn sie sind Menschen, auch unterm Reifrock, kennen keine Vapeurs, sterben nicht vor unsern Augen in müßiggehenden Formularen dahin, kennen den tötenden Wohlstand nicht."[39]

Die erfolgsverwöhnte Trivialität

Kunst mit ihrem mangelnden Erfolg definieren, nichts anderes macht der im letzten Kapitel zitierte Gero von Wilpert, wenn er die Boulevardtheater-Stücke als „handwerklich sauber", „zeitgeschmäcklerisch" und „erfolgreich" beschreibt. Hier kommt eine in der Literaturwissenschaft altbekannte Dichotomie zum Ausdruck: „Hie Kunst – da Kitsch, hie Hohe Literatur – da Trivialliteratur", wie Hans Dieter Zimmermann schon Anfang der siebziger Jahre kritisch bemerkt. In unserem Fall: Hier Bildungstheater – da Populärtheater. „Kunst wird nicht definiert, Kitsch dagegen heftig kritisiert. So hofft man, ex negativo eine Definition der Kunst zu geben."[40] Kunst braucht also nicht populär zu sein, die großen, staatlichen Musentempel nicht voll. Das soll ein Staatsbühnen-Intendant mal seinem Kultur-Senator erklären! Peter Zadek, während seiner Schauspielhaus-Intendanz (1985 bis 1989) von den Hamburgern geliebt und gehaßt, versprach damals nicht nur pralles, saftiges und sinnliches Theater, er plädierte von Anfang an für populäre Kunst, um neues Publikum zu gewinnen. Zadek bereits 1978:

„Es wäre ernsthaft darüber nachzudenken, ob das Deutsche Schauspielhaus in Hamburg und ähnliche Paläste endlich das Theater nicht für 'große Texte', sondern für das große Publikum sein sollten. Nicht hauptsächlich für die Minderheit wohlhabender Bürger, die sich durch 'große Texte' bestätigt fühlen, sondern für die große Mehrheit der Menschen, die in einer Großstadt wie Hamburg leben und die nicht 'große Texte', sondern Geschichten, die sie ansprechen und berühren, sehen wollen und nicht aus erhabener Höhe die tönenden, einlullenden Schönheiten, die am besten in Bestellung zu genießen sind."[41]

Im Theater, und zwar in jedem Theater, ist heute eines wichtig: Unterhaltung. Der Zuschauer erwartet sie, der Produzent macht sie. Doch was ist Unterhaltung, was bedingt und bewirkt sie? Bei den Theater-Machern ist die Sache klar. Sie definieren Unterhaltung in erster Linie von ihrer Funktion her: Die Leute sollen sich amüsieren. Oder wie es der berühmte Schwank-Profi und Muntermacher Milowitsch ausdrückt: „Freude und Frohsinn" solle das Theater den Leuten bringen, „damit sie für zwei Stunden den Alltag vergessen."[42] Das schließt demnach ein, das Publikum hat ein Unterhaltungsbedürfnis. „Unterhaltung aber gilt hierzulande einstweilen noch als entweder harmlos und nicht der Rede wert oder aber – das andere Extrem – als hochgradig suspekt, weil sie heile Scheinwelten sehr zum Schaden des richtigen Bewußtseins konstituiere, weil sie jedermann ein illusionistisches Glück injiziere, das den sozialen Realitäten widerspreche."[43] Den Begriff Unterhaltung wissenschaftlich zu erfassen, war, ist und bleibt für viele eine schwierige, weil unangenehme Sache. Am liebsten würde man ihn wohl eliminieren wollen, da es an Exaktheit fehlt, der Begriff schlechthin „im Trüben der Selbstverständlichkeit liegt".[44] Als Platzhalter ideologischer Implikationen taugt er allemal. Unterhaltung ist ein ethischer Begriff, genau wie Geselligkeit, Menschlichkeit, Freiheit. Diese als unwissenschaftlich abzutun, führt in eine Sackgasse. Denn man müßte konsequenterweise auch ihre jeweiligen Inhalte ablehnen. Diese jedoch sind nun mal da und bestimmen unser Verhalten. Soziologen und Psychologen wissen da sicherlich mehr, können erklären, wann und warum etwas nicht mehr unterhaltsam ist. Hier sei einfach davon ausgegangen: was körperlich und geistig anstrengt – abhängig natürlich von der Konstitution eines jeden und dem 'Kultur-Niveau'[45] – unterhält nicht mehr. Bei Adorno liest sich das dann so: „Das Vergnügen erstarrt zur Langeweile, weil es, um Vergnügen zu bleiben, nicht wieder Anstrengung kosten soll und daher streng in den ausgefahrenen Assoziationsgeleisen sich bewegt."[46] Adornos Lehre von der Kunst ist stets elitär. Aufführungen des Boulevard-Theaters in seinen verschiedenen Formen sind nicht elitär. Für Adorno ist das Glück des einzelnen letztlich nur in der Kunst zu verwirklichen. Seine endgültige Antwort, die er nicht gegeben hat, hätte wohl lauten müssen: Glück kann nur in der Vereinzelung liegen, im Rückzug aus der Gesellschaft. Boulevard-Theater ist – um Zadek zu wiederholen – Theater der wimmelnden Massen, eben der Gesellschaft. Adornos Ästhetik ist ein klassenspezifischer Elitarismus, kein essenzieller. Adorno setzt sich selbst diesem Vorwurf aus, bewußt, wenn er wettert, Kunst werde nie „von den zuschauerhaft verständnisvollen, wohlig sich Einfühlenden verstanden".[47] Das Boulevard-Theater also gar keine Kunst – oder gar Kunst, die nicht verstanden wird?

Zadek – der lachende Dritte

„Und nicht genug damit, daß unsereins zum Ge-
spött der Leute wird – es findet sich auch noch ein
Tintenkleckser, ein Skribent, der dich in einer Komödie
vorführt. Und alle blecken die Zähne und klatschen
Beifall. Über wen lacht ihr denn? Über euch selbst."
(Gogol, Der Revisor)

Die wissenschaftlichen Kampfbegriffe 'Hohe-
und Massenkultur' bringen uns nicht weiter bei
Peter Zadek. Diese tautologischen Spiegelfechte-
reien treffen das Zadeksche Theater nicht. „Nichts
behindert die konkrete Untersuchung dieser Phä-
nomene so sehr wie die Verbreitung der Begriffs-
fetische", sagt Umberto Eco in „Apokalyptiker
und Integrierte".[48] Wenn man dem Wesen der
Unterhaltung näherkommen will, ja, dem Ideal der
Unterhaltung, ist es wenig hilfreich, die Erschei-
nungsformen im Bereich der Unterhaltung zu kri-
tisieren. „Ist das Leichte gleich verächtlich", fragte
sich schon 1965 Marcel Reich-Ranicki, als er
erkennen mußte, daß der Begriff Unterhaltungsliteratur in Deutschland „fast zum Schimpfwort"
geworden ist.[49]

36

Die einzelnen Positionen der Unterhaltungs-Gegner darzustellen, würde hier zu einer endlosen Wiederholung führen. Und dennoch sei an dieser Stelle auf die zwei „Ismen" eingegangen, die Objekte der Kritik sind und sich kräftig gegenseitig bedingen: Der Konventionalismus – mit anderen Worten: die Angst vor dem Risiko, beim Publikum nicht anzukommen – und der Schematismus – mit anderen Worten: der Mangel an individuellen künstlerischen Ausdrucks- und Gestaltungsformen. Diese „Ismen" führten leicht zu primitivem Abklatsch der Realität, so ist zu hören.[50] Aber nicht um diese unnötig harsche Kritik soll es gehen, der Begriff „Schematismus" ist es, der hier aufgetaucht ist und Beachtung verdient. Denn Zadek benutzt den „Schematismus" als Fundament seiner Theaterarbeit. Nur so kann es ihm gelingen, ein großes Publikum zu erreichen. Die Anklagepunkte der Kritiker an der Massenkultur, an dem Massentheater, am Boulevard, die da u.a. lauten: das Populäre fördere „eine passive und unkritische Wahrnehmung der Welt", das Interesse an individueller Erfahrung werde entmutigt, „die Neugier schablonisiert"[51], bestätigen Zadek, ein Theater machen zu müssen, das unter Dallas-Bedingungen neue Wege zu gehen hat, mit anderen Worten: neue Wahrnehmungsmuster einführt. Zadek träumt von einem Theater, das Mut macht, von einem vielschichtigen Theater, „naiv, weil wir alle lernen müssen, unsere Kindheit und die Unschuld wiederzufinden". Und weiter: „Es ist ein Theater, das sucht, nicht eines, das vorgibt, Antworten zu wissen."[52]

„Gerade das Fernsehen (in der ganzen Welt) flüchtet sich zu oft in ein Weltbild von kühler Diskussion, Unverbindlichkeit und scheinbarer Ausgewogenheit. Die Kühlheit macht uns alle, die wir vorm Fernsehschirm sitzen, zu Voyeuren, die als Lebende die Schrecken des Todes, des Hungers, der Folter in Aktualitätssendungen durch ein herumgedrehtes Opernglas beobachten dürfen: Voyeure, aber unberührte Voyeure. [...] Durch Kunst soll man die Schrecken erleben als Schrecken, nicht distanziert. Man soll aber auch die Lust und den Spaß erleben, der nun mit dem Schrecken abwechselt und das Chaos als Chaos und es nicht säuberlich geordnet."[53]

Zadek, der Rangierer, arbeitet am Rezeptionsverhalten: Er lockt die Leute auf das Schema-Gleis und stellt dann die Weichen für eine neue Wahrnehmungsstrecke. Dabei hat er immer vor Augen, daß bei der Gestaltung der Unterhaltung der „vorhandene Interessenkreis und das bestehende Genußvermögen nicht überschritten werden [dürfen], weil es ein Grundgesetz der unwillkürlichen Aufmerksamkeit und somit auch der Unterhaltung ist, daß der Gegenstand der Aussage mit bereits vorhandenen Interessen und Kenntnissen in Verbindung stehen muß. Ein Gegenstand, der völlig außerhalb unserer Interessenssphäre, Lebenserfahrung, Kenntnisse und Fähigkeiten liegt", bleibt in der Regel uninteressant, „da das betrachtende Subjekt keine Beziehung zur Tätigkeit oder Aussage findet und sich ihm eine Schwierigkeit nach der anderen entgegenstellt".[54] Das ist auch die Erklärung dafür, daß bei unzureichenden Interessen, Kenntnissen und Fähigkeiten selbst interessante Kunstwerke nicht unterhalten. Das Interessante schließt eine gewisse Vertrautheit mit dem Inhalt der Tätigkeit oder eben Aussage ein. „Die Unterhaltung ist daher verpflichtet, an den bestehenden Kreis von Interessenten, an vorhandene Bildung, Kunsterfahrung ... anzuknüpfen und diese weiterzuentwickeln."[55] Peter Zadek entwikkelt weiter. Denn an erster Stelle steht für ihn der Mensch, den er ins Theater locken möchte. Und verführen kann man den Menschen nur, wenn man ihn kennt. Dabei weiß Zadek ganz genau, daß sein Massen-Theater ein riesiges, heterogenes Publikum zu bedienen hat – mit einfachen Aussagen. Über die ästhetisch-kulturelle Unterhaltungs-Kritik, die ihre standesbewußte Herkunft nur schlecht zu verbergen vermag, kann Peter Zadek nur lachen. Kulturelle Fortschritte in einem Massentheater, von dem Peter Zadek träumt, sind für ihn weit mehr wert als kulturelle Großtaten im Bereich der elitären Kunst. Dem Regisseur Snobismus zu unterstellen wie schon in den siebziger Jahren denjenigen Intellektuellen, „die aus Abneigung gegen die Literatenliteratur die Trivialliteratur als wahre Literatur"[56] feierten, wäre Unsinn. Zadek sehnt sich nicht nach den Wonnen der Gewöhnlichkeit. Zimmermann hat recht, wenn er „hinter der progressiven Attitude der Kritiker" eine „snobistische Haltung" ausmacht, die damals „die Trivialliteratur zur linken Agitprop-Literatur 'umfunktionieren', wollten[57], auf Zadek trifft dies aber nicht zu. Und wenn er überhaupt jemanden 'belehren' will, dann die Eliten. Das geht recht einfach: Indem er die Kultur demokratisiert, gefährdet er – ganz bewußt und mit einem Lächeln – den Status der Kultur-Elite. Daran hat er Spaß, tief drückt er den Stachel ins von Selbstgefälligkeit, Heuchelei und einer bis zur Langeweile polierten Ästhetik fett und schlaff gewordene Fleisch.

Kaviar fürs Volk – Erfolg ist immer verdächtig

„Was haben Comic-Strip und Grotesken mit Schillers Räubern zu tun", fragt Zadek 1966, kurz nachdem er den 'Klassiker' in Bremen inszeniert hat.[58] Seine Antwort: „In dieser Inszenierung wird die Frage aus der Fantasie und aus dem Geschmack beantwortet." Schillers Menschen seien nicht immer auch Menschen, sie seien Kolosse, ungeheure Übertreibungen, Pointen, und „die fast immer überhitzte Sprache ... ein rhythmisches Maschinengewehr".[59] Und somit sei ein Kunstwerk weder mit dem konventionellen Geschmack noch mit moralischen Kriterien meßbar. Denn: „Daraus resultieren nur Vorurteile, die schief, penetrant, unangemessen sind."[60]

Schiller ein Comic-Strip? Oder besser: Schiller als Modell für ein Comic-Strip? Zadek demnach ein Handwerker, dessen Bühnenarbeit ein einziges Entdecken, ein Wieder-Entdecken von 'Klassikern' ist? Ein guter Handwerker produziere ebenso wie eine Fabrik viele Verwirklichungen oder Vorkommnisse des gleichen Typs oder Modells, sagt Umberto Eco in „Streit der Interpretationen". „Die moderne Ästhetik aber hält dieses Vorgehen nicht für ästhetisch."[61] Im Unterschied zur klassischen Kunsttheorie, die keinen Trennstrich zog zwischen Kunst und Handwerk und die die gute Wiederaufnahme eines immerwährenden Typus als „schön" einschätzte, verfährt „die moderne Ästhetik mit den industrieähnlichen Produkten der Massenmedien sehr streng". „Ein Schlager, ..., ein Comic-Strip, ein Detektivroman ... wurden als mehr oder weniger erfolgreiche Verwirklichungen eines vorgegebenen Modells oder Typus angesehen. Sie galten als unterhaltsam, aber als nichtkünstlerisch."[62] Moderne Ästhetik versus klassische Kunsttheorie also. Wobei die Vertreter der modernen Ästhetik hier wiederum Kunst mit ihrem mangelnden Erfolg definieren. All das, was die Erwartungen des Publikums erfüllt, kurzum: Wildwestfilme, „Dallas", Pornographie, 'Trivial'-Romane, Boulevard-Theater, was also „in Serien produziert" wird, wie Eco bemerkt, wird von der modernen Ästhetik eben wegen ihrer „'seriellen' Produktion ... als mit der künstlerischen Erfindungsgabe unvereinbar betrachtet".[63] „Serialität" ist für Eco „Wiederholungskunst", wobei das Produkt „erstens als originell und different angeboten wird (gemäß den Erfordernissen der modernen Ästhetik)", zweitens „ein anderes wiederholt, das wir bereits kennen und das wir drittens nichtsdestotrotz – oder besser, gerade deswegen – mögen (und kaufen)".[64] Im Zeitalter der Wiederholung, in dem wir leben, ist für Umberto Eco klar, „die Geschichte der Künste und Literatur ist voller Pseudo-Wiederaufbereitungen, die in der Lage waren, zu jeder Zeit etwas Unterschiedliches zu erzählen. Der ganze Shakespeare ist eine Wiederaufbereitung vorhergehender Geschichten".[65] Eine Evolution in der Literatur, auf der Bühne, auf der Leinwand bedeutet Veränderung und nicht Abfolge. Hans Dieter Zimmermann bemerkt dazu: „Jedes Werk ist – auch in der Negation – von der Tradition abhängig. Jedes Werk hat – auch in der völligen Unterwerfung unter die Tradition – seine Individualität."[66] Und weiter:

„... es gibt ... literarische Bereiche bzw. Epochen wie die der modernen Literatur, die einen außerordentlich weiten Raum von Wahlmöglichkeiten offen lassen; sie erwarten dafür ein so hohes Maß an Originalität vom neuen Werk, daß dieses etwas sein soll, das 'noch nie da war'. Die Forderung ist natürlich propagandistisch überspitzt, auch in Abwehr von früheren und gleichzeitigen literarischen Normen; sie verdeckt ziemlich erfolgreich den Tatbestand, daß auch in diesem Bereich neue Werke nichts anderes als Variationen innerhalb der Tradition sind."[67]

Zadeks Inszenierungen von modernen Stükken, 'Klassikern' und Shakespeare-Dramen bieten statt „Werktreue" Turbulenz und Gag-Serien. Das heißt aber nicht, daß er die Stücke zerschlägt. Im Gegenteil: Er entdeckt sie neu und zeigt damit die Autoren als Erfinder von Theater-Bildern und Theater-Konstellationen, in denen sich aber das historische Allgemeine mit einer „individuellen Mythologie" von heute unauflöslich verbunden hat. Zadek 1967 über Shakespeare: „Bei Shakespeare gehören große Naivität und raffinierte Differenziertheit zusammen. Keine Theorien, Morallektionen, ästhetische Prinzipien, keine modischen Aktualisierungen, die den Mangel an Fantasie durch äußere gängige Zitate ersetzen."[68]

Die konfektionierte Einzigartigkeit

„Die klassische Ästhetik war nicht so ängstlich auf Innovationen um jeden Preis bedacht", sagt Umberto Eco, um die „Serialität im Universum der Kunst und der Massenmedien" aufzuzeigen.[69] Zu diesem Zweck durchleuchtete Eco die Strukturen und festgelegten Situationen von Fernsehserien („Starsky and Hutch", „Columbo" etc.). „Bei den Serien glaubt man, sich an der Neuheit der Geschichte (die immer die gleiche ist) zu erfreuen, tatsächlich erfreut man sich aber an der Wiederkehr des immer konstanten narrativen Schemas." Die Serie erfülle in diesem Sinne unser infantiles Bedürfnis, die gleiche Geschichte immer wieder zu hören, getröstet zu werden durch die „'Wiederkehr des Identischen'," das nur oberflächlich verkleidet sei.[70] Dabei kann die Serie den Zuschauer sogar leimen: „Wir sind zufrieden, weil wir das Erwartete wiederfinden, und wir schreiben dieses glückliche Resultat nicht der Durchsichtigkeit der narrativen Struktur zu, sondern unserer Fähigkeit, Vorhersagen zu machen. Wir denken nicht: 'Der Autor hat die Geschichte so angelegt, daß wir ihr Ende erraten konnten', sondern eher: 'Ich war so gewitzt, daß ich das Ende erraten habe, obwohl der Autor sich angestrengt hat, mich zu täuschen.',„[71] Würde Eco an dieser Stelle Schluß machen (was er selbstverständlich nicht tut), kämen wir kurz und krass zum Ergebnis: Der Autor ist blöd, weil er nur ein Schema bedient – der Zuschauer ist blöd, weil er das Schema nicht durchschaut. Und: Der Autor macht, weil er nur das Schema bedient, keine Kunst – der Zuschauer versteht keine Kunst, weil er noch nicht einmal Nicht-Kunst versteht. Zur Technik der Wiederholung bemerkte schon 1961 der Göttinger Philologe und Kitsch-Analytiker Walther Killy:

„Es drängt nach Wiederholung und neuer Bewahrheitung in endlosen Variationen: die Trivialliteratur wird zur Konsumware, der Leser zum Konsumenten, und eine ganze Industrie sucht das geweckte und erkannte Bedürfnis zu unterhalten. War es einmal ursprünglich – in seinen Wurzeln ist es dies immer –, so verdeckt jetzt der Genuß des Reizes die echten Motive. Der Kumulation der Kitschmittel entspricht die Kumulation der Lektüre. Ihre anhaltende Variation hängt auch damit zusammen, daß Kitsch eben nicht Kunst ist. Die Unendlichkeit eines Werkes von Rang fordert zu immer erneuter Betrachtung auf, welche sich als um so unerschöpflicher erweisen wird, je höher jener Rang, je verständiger der Leser ist."[72]

46

Von Ästhetik kann demzufolge nicht die Rede sein, selbst die Möglichkeit einer ästhetischen Reflexion wird der 'Konsum'-Literatur abgesprochen. Dramaturgische Gesetzmäßigkeiten, stereotype Gestaltungsmomente verhindern das. Das gleiche gilt fürs Boulevard-Theater. Im Adjektiv stereotyp wird die Affinität zu „trivial" und „banal" evident. Da sie scheinbar Erklärungsmodelle sind, entbinden sie von einer echten Auseinandersetzung mit der Wirklichkeit, mit Kunst, sind somit als Mythen der Gesellschaft aufzufassen. Klischees gehören dazu und Vorurteile. Mythen, Märchen, Massenmedien – das alliteriert zwar sehr schön, ist für eine bekannte Frau aber eine schlimme Sache: „Der Mythos ist einer der Fallstricke der falschen Objektivität, in die der biedermännische Geist blind hineintappt. Es handelt sich darum, das eigene Erleben und die selbständigen Urteile, die es erlaubt, durch ein starres Götzenbild zu ersetzen." Simone de Beauvoir heißt die Frau.[73] Populär-Kultur für ein 'einfaches' Publikum: verkauft werden plausible Argumentationsketten einer Schrumpfphilosophie im Gewand von Lebensweisheiten. Und wenn das Publikum mehr verlangt als nur Klamauk, es einen tieferen Sinn hinter den Unterhaltungsangeboten vermutet und sogar findet, dann sind hier nur Stereotypen eingesprungen. „Der 'dramaturgische

Inzest', d.h. der Grundsatz, daß ... an einen im Bühnenbild vorkommenden Kleiderhaken irgendwann ein Kleidungsstück gehängt wird, daß eine im Drama auftretende Person mit anderen Personen des Dramas in Beziehung treten muß ... lähmt die Phantasie der Zuschauer im Boulevardtheater."[74]

Doch zurück zu Eco. Was passiert eigentlich, wenn das, was der Zuschauer erwartet, nicht eintritt, also genau das Gegenteil dessen passiert, was man durch das Schema vermutet? Zuallererst werden wohl die Erwartungen enttäuscht, was sich konstruktiv im Sinne einer neuen Wahrnehmung auswirkt: „An diesem Punkt überwindet der naive Zuschauer, der zunächst frustriert war, seine Frustration und verwandelt sich in einen kritischen Zuschauer, der die Art genießt, in der er getäuscht wurde."[75] Für Eco bringt dies „eine intertextuelle Enzyklopädie ins Spiel"[76], die, „unter dem Blickwinkel einer 'modernen' Konzeption des ästhetischen Wertes" betrachtet, „eine Dialektik zwischen Ordnung und Neuheit, mit anderen Worten, zwischen Schema und Innovation" erreicht.[77] Und weiter: Diese Dialektik müsse von einem Konsumenten erkannt werden, der nicht allein die Inhalte der Botschaft, sondern auch den Weg, auf dem diese Botschaft die Inhalte vermittelt, erfassen müsse.[78] Summa summarum: Ein ästhetisch gelungenes Kunstwerk liegt vor.

„Das Problem liegt darin, daß wir nicht auf der einen Seite eine Ästhetik der 'hohen' Kunst (die originell und nicht seriell ist) haben und auf der anderen Seite eine reine Soziologie der Serie. Wir haben vielmehr eine Ästhetik der seriellen Form, die eine historische und anthropologische Studie erfordert, um herauszufinden, auf welch unterschiedlichen Wegen zu verschiedenen Zeiten und an verschiedenen Orten die Dialektik zwischen Repetition und Innovation realisiert wurde."[79]

Selbstverständlich ist auch Eco klar, daß der „gleiche Typus eines auf Wiederholung begründeten Herstellungsverfahrens sowohl Hervorragendes wie Banales produzieren [kann]".[80] Wichtig für ihn ist, den „Nachdruck auf den unlösbaren Knoten 'Schema-Variation',, zu legen, „der es nicht länger erlaubt, daß die Variation höher bewertet wird als das Schema".[81] Eco fordert den kritischen Leser, der das Erhabene nicht im einzelnen Werk, sondern eben im Schema entdeckt. Selbst Aristoteles' Poetik zeige, „daß er viel mehr Tragödien kannte ... Alle folgten einem festen Schema, das sie variierten".[82] „Würde", fragt Eco, „unsere Wertschätzung der Originalität [eines Aristoteles] sich von der gegenwärtig üblichen unterscheiden?"[83] Das Erhabene wäre in diesem Fall wohl nicht das einzelne Werk, sondern eben das Schema gewesen. Und so endet Eco mit der Frage: „Wie würden wir das 'Stück' einer Serie lesen, die wir als ganze nicht kennen?"[84]

Es bleibt festzuhalten: Die 'einfache' Kultur, das Populäre darin, die Massenmedien also oder das Theater für die Massen sind nicht gleich stilistisch und kulturell konservativ. „Insofern sie ein Ensemble neuer Sprachen bilden, haben sie neue Redeweisen, neue Stilelemente, neue Wahrnehmungsmuster eingeführt: Ob gut oder schlecht, es handelt sich um Wandlungs- und Erneuerungsprozesse, die häufig dauerhaft auf die sogenannten hohen Künste zurückwirken und deren Entwicklung beeinflussen."[85] Kritik an der Massenkultur ist undemokratisch. „... mit der Verdammung der Medienkultur [soll] in erster Linie die hervorragende Rolle und Position der Eliten erhalten und gestärkt werden."[86] Unterhaltung ist durchaus in der Lage, zu einem ästhetischen Erlebnis zu werden, ist in der Lage, intellektuelle Einsichten zu vermitteln. Massenmedien sind demokratisch, weil sie die Menschen nicht mehr wie früher „von verantwortungsvoller Mitwirkung am Gesellschaftsleben" ausschließen.[87] Eine breite Bevölkerungsschicht hat die Möglichkeit, an kulturellen Dingen und Ausdrucksformen teilzuhaben. Massenkultur bietet emanzipatorische Möglichkeiten (so ist beispielsweise nach der Alphabetisierung nicht nur das kleine Lesepublikum immens gewachsen, ebenfalls die Produktion von Literatur, was zu einem Schema-Wechsel führte[88]). Die menschliche Wahrnehmung verändert sich durch die Vielfalt kultureller Angebote. Die 'neue' Wahrnehmung fesselte seinerzeit besonders den Medien-Euphoriker Walter Benjamin in seinen filmtheoretischen Schriften: Im Mittelpunkt seines Interesses stand damals weniger der Film als das, was er sein könnte, vielmehr zielte Benjamins Bemühen darauf ab, den Film als gesellschaftliche Realität zu verstehen und sein Aufkommen mit den sich verändernden Wahrnehmungsweisen in Beziehung zu setzen.[89]

Der Besucher im Kino, der Zuschauer im Theater, der Betrachter in der Kunsthalle, der Zuhörer in der Musikhalle – sie alle entdecken neu, finden etwas neues, wenn ihre Wahrnehmung sich verändert. Zu einer Wahrnehmungs-Veränderung kommt es aber nur dann, wenn der Konsument nicht abgeschreckt wird. Der Produzent ist also gefragt und bekommt hier fast die Aufgabe, die Leute zu trainieren, zu schulen, ja zu alphabetisieren. Die Avantgarde verfolgt dieses Ziel häufig aggressiv und erreicht somit wenige (was sie teilweise auch nur will). Die Macher der Massenkultur, des Boulevard müssen da anders denken. Das fängt schon mit der Frage an: wie erreiche ich die Leute? Die Fernseh-Produzenten haben es sehr leicht: in jedem Haushalt steht ein TV-Gerät. Das „Transport-Mittel" könnte nicht besser installiert sein. Beim Theater sieht das schon ganz anders aus. Peter Zadek hat immer versucht, und versucht es noch heute, das privilegierte und hoch-subventionierte Staatstheater seiner auratischen Exklusivität und Sterilität zu entkleiden, um das Theater als „Transport-Mittel" für alle reizvoll und nutzbar zu machen, um die Menschen in die Musentempel zu bekommen. Bei der Auswahl der Boulevard-Stücke tritt Zadek jener Gefahr entge-gen, die sich am blühenden Salon- und Konversa-tionstheater des späten 19. Jahrhunderts beobach-ten läßt, „wo der einstmals dramatische, d.h. hand-lungsgenerierende Dialog zur bedeutungslosen und unverbindlichen Konversation über Alltag-sthemen abgesackt ist".[90]

Zadek verehrt den Boulevard-Magier Alan Ayckbourn, „von dem man in fünfzig Jahren am genauesten erfahren wird, wie das war in unserer Zeit".[91] Ayckbourn-Stücke haben nichts mit dem oben erwähnten Konversationstheater zu tun, in dem es in der Tat kriselt, wie schon 1976 Peter Szondi bemerkte:

„Das Konversationsstück beherrscht die europäische, zumal die englische und französische Dramatik seit der zweiten Hälfte des 19. Jahrhunderts [...]. Sein Negatives: daß es, weil vom Subjekt abgeschnitten, der Möglichkeit subjektiver Aussage entbehrt, schlägt ins Positive um, indem der leer gebliebene dialogische Raum sich mit Themen des Tages anfüllt. [...] Die Verabsolutierung des Dialogs zur Konversation rächt sich nicht nur qualitativ, sondern auch dramaturgisch. Indem die Konversation zwischen den Menschen schwebt, statt sie zu verbinden, wird sie unverbindlich [...] Die Konversation [...] hat keinen subjektiven Ursprung und kein objektives Ziel: Sie führt nicht weiter, geht in keine Tat über." [92]

Und genau dieser Krise tritt das Duo Zadek/-Ayckbourn entgegen. Zu diesem Zweck offerieren die beiden Theater-Macher einen Katalog nicht nur ästhetischer Maßnahmen und Alternativen. Ihr Boulevard-Theater, das sich nicht einer kommerziellen Mission verschreibt (selbstverständlich haben die beiden keine finanziellen Probleme[93]), sondern einer 'erzieherischen', versucht dabei, den Massen zur Klärung und Veränderung des Bewußtseins oder besser der Wahrnehmung zu verhelfen. Staatliche Subventionen werden dabei durchaus nicht verschmäht. Das gleiche trifft auf die Avantgarde zu. Wichtig ist aber bei Zadeks Boulevard-Theater: Das Publikum wird weit über

den Kreis der meist finanzstarken und prestigeori-
entierten Kenner hinaus erweitert. Zadeks Theater
begreift sich dabei nicht nur als künstlerische Ent-
deckungs- sondern – ob Zadek das nun will oder
nicht – auch als Erweckungs-Stätte, wo mit einem
Schlag Energien der Kunstrezeption freigesetzt
werden, von denen man bisher nichts ahnte.

Der vierfache Schema-Bruch

„Boulevardtheater an staatlichen Bühnen –
muß das sein? Sollte man das nicht den Kudamm-
Komödien überlassen?", befand Ende der siebziger Jahre der zwerchfellose Friedrich Luft, nachdem im Berliner Schloßpark-Theater mit großem
Erfolg Alan Ayckbourns „Normans Eroberungen"
in der Inszenierung von Hans Lietzau über die
Bühne gegangen waren.[94] 1979 inszenierte Peter
Zadek Ayckbourns „Spaß beiseite" am Deutschen
Schauspielhaus, hochdelikat und hochbesetzt: mit
Ilse Ritter, Christa Berndl, Rosel Zech und Hermann Lause und Ulrich Wildgruber – ein Erfolg
auch hier, dem wiederum die deutsche Kritik nicht
so recht trauen wollte. Berlin und Hamburg sollten
bis 1987 prominente Ausnahmen bleiben,
Ayckbourn auf Staatsbühnen zu spielen. Daran hat
sich bis heute nicht viel geändert. Schon hier
könnte man Zadek unterstellen, einen Schema-
Bruch begangen zu haben, denn ein ehernes Ge-
setz besagt: Boulevard gehört nicht ins Staats-
Theater!

Noch während seiner Hamburger Intendanz
am Deutschen Schauspielhaus inszenierte Zadek

„Ab jetzt" von Alan Ayckbourn an einem Privat-Theater. Hier werden die Schemata nur noch so gebrochen – und das gleich vierfach:

• Ein Boulevard-Stück: erster Schema-Bruch.

• Die Inszenierung des Stückes: zweiter Schema-Bruch.

• Die Inszenierung mit Staatsbühnenschauspielern an einem Privat-Theater: dritter Schema-Bruch.

• Der verwirrte Zuschauer – oder wenn das Theater als Ereignis nicht mehr das gewohnte ist: vierter Schema-Bruch.

Zadek inszeniert nicht einfach nur ein Stück, er macht aus seinen Aufführungen immer ein Ereignis, oder besser: ein Ereignis ganz neuer Art. Schließlich hat schon das Ins-Theater-Gehen für den Menschen immer einen Ereignis-Charakter. Zadek führt nicht nur einfach Regie, er sprengt die vorhandenen Wahrnehmungsmuster, die man vom Theater hat. Alle sind sie irritiert: Kritiker, Publikum, Schauspieler – sie alle müssen plötzlich anders denken. Zadek nennt man oft einen „Theater-Magier", einen „wunderbaren" Star-Regisseur, einen „Bühnen-Zauberer". Alles Attribute, die wir bei anderen ehrbaren Regisseuren wie Stein,

Peymann etc. nicht zu hören, zu lesen bekommen. Und was ein Zauberer macht, wissen wir: Er zeigt etwas, was wir noch nicht kannten, was wir nicht für möglich gehalten hätten und was wir nicht begreifen.

Bruch 1 – Ein Boulevard-Stück: „Ab jetzt" von Alan Ayckbourn

Peter Zadek mag die englische Literatur, vor allem die Theaterliteratur. Das ist nicht verwunderlich: Zadek, Jahrgang 1926, lebte 25 Jahre in England. 1933 emigrierte der heute 75jährige Regisseur mit seinen Eltern nach Großbritannien, 1958 kam er zurück nach Deutschland. Die Rezeptionsgeschichte angelsächsischer Theater-Texte in Deutschland jedoch stellt eine Kette von Missverständnissen dar, von typischen Missverständnissen. Der Londoner Alan Ayckbourn, Jahrgang 1939, ist angeblich ein Boulevardautor: Deutsches Boulevardtheater pinselt oft für kleine Leute die große Welt auf ein Tableau, das von Pelzen, Schmuck und sanfter Musik umrahmt wird.[95] Ayckbourns Figuren auf der Bühne finden sich auch in deutschen Zuschauerräumen wieder. Doch sie sind ohne Glamour, Pelze und Schmuck. Die Musik pfeift aus einem anderen Loch. Es gibt nichts zu bewundern. Der Wiedererkennungseffekt ist negativ.

Ayckbourns Stücke – bis heute hat er rund 50 Texte fürs Theater geschrieben – sind mittlerweile in 26 Sprachen übersetzt und werden rund um den Globus gespielt. Sie gelten noch immer als nicht recht salonfähig, sprich: staatstheaterseriös. So ist der Dramatiker bei uns im wesentlichen abgestempelt als Autor nur der privaten Boulevard-Theater und einiger Landesbühnen und Tourneeunternehmen. Doch gerade dort sind die gewöhnlichen und gängigen Stücke immer eine Handbreit von der Wirklichkeit entfernt. Ein Motiv: die Liebe in allen Variationen, vor der Ehe, in der Ehe, nach der Scheidung. Das Parkett im Griff halten, es nicht zum Nachdenken kommen lassen, Schlag auf Schlag! Dort sind Rollen in erster Linie Mittel zur Selbstdarstellung; sich um die Psychologie der zwischenmenschlichen Beziehungen zu kümmern, ist Boulevard-untypisch. Findet auch keine Basis im Fechten um die Pluspunkte beim Zuschauer im Spiel an der Rampe, bei dem der Partner zu allererst das Publikum mit seinen Lachern ist. Erfolg. Erfolg rechtfertigt alles und beweist nichts. Schon gar nicht die Richtigkeit der These, daß die einzeln ausgekosteten Lacher in der Vielzahl – und in Portionen von qualliger Schamlosigkeit nachgedrückt – das richtige Rezept sind.

„Seriöses" Theater versus Boulevard-Theater. Beide fein säuberlich getrennte Theatergenres, eine Ergänzung findet nicht statt. Das Boulevard

brutzelt im eigenen Saft und bringt Hofkondito-
renwaren hervor. Beide Seiten sind sich nicht
grün, die einen belächeln den Anspruch, die anderen den „wenigen Anspruch". Im angelsächsischen
Bereich, der unsere reich subventionierte Seite
nicht kennt, werden Stücke nicht in Leicht- und
Schwergewicht gewogen und behandelt, sondern
ohne Unterschied und ohne Prätention angepackt:
Beurteilt wird nur nach der Qualität.

„Ab jetzt" – „Henceforward..."

Der Autor

Wer ist dieser Alan Ayckbourn, der in Theaterkreisen einfach A.A. heißt? „Der berühmte Unbekannte – ein Molière der Middleclass?"[96] Aber was heißt hier schon Middleclass? Ayckbourn: „Wer zählt sich heutzutage nicht alles zur Middle Class? Sie ist so umfassend, daß wir längst dazu übergegangen sind, sie in lower middle class, middle middle class und upper middle class zu unterteilen. Menschen wie die Herzogin von York, Fergie, gehören wahrlich und wirklich zur Middle Class. Ich jedenfalls rechne sie nicht zu einer sozialen Klasse über mir; sie ist eine von uns."[97] Im April 1939 wurde Ayckbourn in Hampstead/ London geboren. Sein Vater war Konzertmeister, seine Mutter Journalistin, schrieb Kurzgeschichten für Frauenzeitschriften. Das Interesse am Theater hat er wohl von seinen Großeltern geerbt: der Vater seiner Mutter war Shakespeare-Darsteller, die Großmutter spielte männliche Rollen in den Musicals längst vergangener viktorianischer Tage. Mit 17 Jahren geht A.A. ans Theater, wird Hilfsinspizient. 1970 übernimmt er das „Stephen Joseph

Theatre-in-the-Round", eine Arena-Bühne, von der Konstruktion her also ein experimentelles Theater.[98]

Das Interessante an diesem angelsächsischen Komödien-Meister ist weniger seine Vita, es ist seine Arbeitsweise. Die Regel ist dabei: „Ayckbourn legt Besetzungen, Probenzeit, Premierentermin, Plakatwerbung und den Start des Vorverkaufs bereits fest, wenn er sich der Idee zum neuen Stück sicher ist, die Niederschrift des Textes erfolgt dann in nur acht bis 14 Tagen, meistens unmittelbar vor Probenbeginn."[99] Kurzum: Der Autor als Regisseur, der Regisseur als Autor. Ayckbourn ein 'writer-director', d.h. er schreibt nicht nur ein neues Stück, er inszeniert es in aller Regel auch selbst. Mit ganz kurzen Worten: From Page to Stage. Der Theaterkritiker Peter von Bekker fragte 1987 Ayckbourn, der noch nie ein Shakespeare-Stück inszeniert hat, ob der „Regisseur A.A. mit dem Autor A.A. in Konkurrenz" trete, ob also der Text noch während der Proben verändert werde. Ayckbourns Antwort: „Nein – ich habe wohl die Fähigkeit, es gleich richtig zu schreiben."[100]

Ayckbourns Stücke sind somit nichts anderes als reine Inszenierungstexte, ja Strichfassungen. Oder umgekehrt: Seine 'Inszenierungsanleitung' müssen wir als Text wahrnehmen. Die Interpretationsanleitung des Stücks finden wir in der Inszenierung! Ein Schema-Bruch! Ein außergewöhnlicher Fall. Die Theaterwissenschaft ist bei Ayckbourn verdammt, keinen Text mehr vor sich zu haben, sondern eine Strichfassung.

Das Stück

Personen: **Jerome** ein Komponist

Corinna seine Frau

Geain ihre Tochter

Zoe eine Schauspielerin

Mervyn ein Sozialarbeiter

Nan 300F

Lupus Jeromes Freund – nur auf Video

Junge Geain nur auf Video

Zum Inhalt von „Henceforward...“[101]: Jerome, ein Mann in mittleren Jahren, ist Komponist. Sei-

63

ne Wohnung verwahrlost, sein Talent zerrüttet –
vor einigen Jahren haben ihn Frau und Tochter
verlassen. Er lebt nun in einem chaotischen,
gründlich verrammelten Zimmer, allein mit seinen
technischen Geräten, mit Tonbändern, Videos,
Bildschirmen, Synthesizern. Sein kostbarster Ap-
parat ist ein Roboter (Nan 300F) offenkundig
weiblichen Geschlechts: Im ersten Akt ist er
Jeromes entschwundener Gattin nachgebaut, im
zweiten Akt jenem zickigen Mädchen namens
Zoe, das im ersten Akt für kurze Zeit in Jeromes
Junggesellen-Einsamkeit einbricht. Jerome hatte
Zoe über einen Hostessen-Service engagiert, weil
er seine Tochter wiederhaben möchte und dafür
seiner Frau Corinna und dem Vertreter des Sozial-
amtes häusliche Idylle vorgaukeln muß.

Jerome träumt von einem kompositorischen
Gesamtkunstwerk mit dem Titel „Love" – doch
die wahnhafte Arbeit daran macht ihn zur wirkli-
chen Liebe unfähig. Alles, was er erlebt, ist nur
„Material" für sein Werk: jedes Wort, jedes Lachen, jedes Liebesseufzen, jeder Lustschrei. Überall und unaufhörlich sind die Mikrophone auf
'Aufnahme' gestellt, laufen Jeromes Tonbänder –
treiben alle menschlichen Wesen schnell in die
Flucht. Derweil draußen, vor Jeromes Wohnungs-
festung, die Terror-Herrschaft eines Amazonen-

Regiments („Daughters of Darkness") begonnen hat.

Kurz vor Schluß scheint das Happy-End perfekt: Jerome, seine Tochter und seine Frau wollen es wieder miteinander versuchen. „Corinna: 'We are driving home together. And we're all going to start again. All of us. As of now. Isn't that right, Jerome?' – Jerome: 'OK'."[102]

Jerome wird am Ende allein zurückbleiben, bei seinen Maschinen, um aus dem Liebesgeständnis seiner Frau den Song zu mischen, den er sucht.

Bruch 2 – Zadek bringt Boulevard auf die Bühne: Von Menschen und Robotern

Was das Theater betrifft, geht Zadek keinem Streit aus dem Wege: „Die Deutschen sind sicherlich das einzige Volk auf Erden, das ein schlechtes Gewissen mehr genießt als eine schöne Frau; und genauso sicherlich das einzige Volk, das im Theater Langeweile als positives Erlebnis einstuft."[103] Ende 1978, heimgekehrt von einer Theaterreise nach London, schickte der Regisseur der ZEIT einen Text, der einem feierlichen Manifest gleichkam. Von einem „Theater, ganz nah an der Straße"[104] schwärmte und predigte Zadek, und er brachte auch gleich seinen Kronzeugen mit – den Stückeschreiber Alan Ayckbourn.

Seit nunmehr 14 Jahren sind Zadek und Ayckbourn gute Freunde. Ayckbourns Stücke sind für Zadek Zustands-Beschreibungen der Welt, wie sie ist, und überall spielbar: „[...] we all find ourselves and our friends in the plays, whether we happen to be Germans, Hungarians or, I suspect, Chinamen."[105] Aber nicht nur das. Alan Ayckbourn eignet sich für Zadek hervorragend dafür, die Leute zu schocken. Nach der Berlin-Premiere (1989) von „Ab jetzt" kam sich jedermann etikettenbeschwindelt vor. Alle fühlten sich irgendwie reingelegt: Die Kritiker, weil Peter Zadek sie in eine Amüsierklitsche bestellte, das „Theater am Kurfürstendamm", und ihnen dort einen englischen Schwank vorsetzte, der dann keiner war. Die Hamburger Kritiker, weil er dafür auch noch (bezahlten) Regieurlaub von seiner Hamburger Intendanz genommen, genauer: sich selber gewährt hatte. Und die Klientel des Berliner Theaters, weil sie auf ihrer Leib-Bühne einen Schwank zu sehen wünschte und ihn nicht bekam. Zadek zu Ayckbourn: „At a time when 'serious' theatre is beginning to have more and more to do with style and less and less with the way people live and are, your prolific activity is a blessing for all of us. And its unsnobbish provincial beginnings a lesson to the theatre's elite."[106]

Für Zadek ist Ayckbourn ein Medium, um sein Theater-Konzept durchsetzen zu können: „Ich will kein intellektuelles, subtiles Theater, ich will scharfe Kontraste, Schocks!"[107]

Man braucht es nur noch aufzu-tauen. Die Zubereitung von „Ab jetzt"

Das Stück bei Zadek

Eine wort-wörtliche Übersetzung gibt es nicht, kann es nicht geben. Zu viele „Filter" geraten durch das Übersetzen in den Text. Und doch – auch wenn's paradox klingt – ist die Übersetzung von „Henceforward..." Wort für Wort wiederge-geben, sie entspricht dem Original. Peter Zadek selbst und seine damalige Dramaturgin Corinna Brocher übertrugen „Henceforward..." ins Deut-sche[108]. „Es wurde nichts gestrichen oder neues hinzugefügt", sagt Corinna Brocher.[109] Aus der englischen Strichfassung „Henceforward..." wurde die deutsche Strichfassung „Ab jetzt".

Wirklich keine Unterschiede in der deutschen Version? Ein Kritiker schrieb nach der Berlin-Premiere: „Jerome, das ist der Künstler als Parasit, der Menschen und insbesondere ihre Stimmen ausschlachtet wie andere ihre Autos. Angewidert verläßt ihn Zoe. 'Dann wart ich lieber noch ein bißchen, bis ich bei irgendeiner freien Gruppe

Hedda Gabler spielen kann', sagt sie in der Übersetzung von Zadek und Brocher.",[110] und scheint damit anzudeuten, daß hier eine 'Eindeutschung' stattgefunden hat. Der Kritiker hat das englische Original nicht gelesen, denn auch dort sagt Zoe: „I think I'll just stick around a little longer and hope for a fringe revival of Hedda Gabler."[111] Von einem Unterschied hier also keine Spur! Aber es gibt welche, kleine und feine allerdings. Nan 300F, der Roboter mit weiblichem Antlitz, heißt in „Ab jetzt" Gou 300F[112]. 'Nan' kommt von 'nanny', Kindermädchen. „Her sunnier nature is the result of her initial 'nanny' factory programming", heißt es bei Alan Ayckbourn.[113] Daß 'Nan' bei Zadek 'Gou' heißt, hat zwei Gründe. 'Nanny' als Koseform für 'Kindermädchen' ist für das deutsche Publikum nicht bekannt. Das Übersetzer-Duo entschied sich also für Gouvernante, Kurzform: 'Gou'. Der andere Grund: 'Nanny' entwickelt sich im Stück vom 'Kindermädchen' zur 'Kindererzieherin' (Gouvernante). Das hat mit Geain zu tun, dem so zärtlich beschworenen Jerome-Töchterchen, das Vater wiederhaben möchte und das im zweiten Akt zum völlig versauten Macho-Punk mutiert ist. 'Gou' nimmt sich der 'Kleinen' an, und was dann passiert, hat wirklich nichts mehr mit netter Kinder-Betreuung zu tun, sondern mit einer drakonisch-brutalen Erziehungs-Methode. Auch

Ayckbourn weist auf die Wandlung 'Nans' hin: „...
her darker side the result of subsequent modifica-
tions by Jerome himself – the source of which will
become clearer later.“[114]

„Henceforward...“ heißt auf deutsch 'irgendwann sehr bald', 'künftig', 'von nun an'.[115] Für
Zadek bedeutet es knallig-lakonisch 'ab jetzt'. Se-
mantisch ist das sicherlich auf den ersten Blick
kein Unterschied, doch 'ab jetzt' klingt kompro-
mißloser als 'künftig'.

Lupus, ein Freund von Jerome, der immer nur
auf einem Video-Anrufbeantworter zu sehen ist,
sagt bei Ayckbourn: „Apparently, this afternoon
the club was booked by two hundred members of
the Motörhead Nostalgic Appreciation Socie-
ty.“[116] In „Ab jetzt“ wird aus der Heavy-Metal-
Band „Motörhead“ die in Deutschland besser bekannte Heavy-Metal-Band „AC-DC“[117]. Solche
Änderungen dienen ausschließlich einem besseren
Verständnis, so auch die Synonym-Verschiebung
in einem Dialog zwischen Nan und Corinna,
Jeromes Ehefrau. Nan bezeichnet hier Corinna als
„Mrs. Danvers“[118] – bei Zadek sagt Gou: „Frankenstein“[119]. In England hat 'Mrs. Danvers' den
gleichen Ruf, sprich: das gleiche Image wie
„Frankenstein“.

Interessant indes ist eine Änderung in dieser sonst sehr genauen Übersetzung. Im zweiten Akt kommt es zur Begegnung Jerome, Corinna, Mervyn (Sozialarbeiter) und Gou, die Jerome als seine Verlobte Zoe vorstellt:

Mervyn Wir haben alle gehört, daß Sie Schauspielerin sind, Zoe.

Corinna Eine klassische, nicht wahr?

Jerome Das stimmt doch. Du bist doch eine klassische Schauspielerin, meine kleine Apfelblüte.

Gou Ah ja. Arkadina bei Tschechow und Ophelia in Charleys Tante.

Corinna (verblüfft) Was?

Jerome Eine ganz moderne Inszenierung. Freie Gruppe, natürlich.[120]

Jeromes letzter Satz liest sich bei Ayckbourn so: „Jerome That was the – Royal Shakespeare production, of course."[121] Beide, Ayckbourn und Zadek, machen sich an dieser Stelle lustig über eine jeweils elitäre Form des Theaters: Ayckbourn über die hochgestochene, klassische und altehrwürdige 'Royal Shakespeare Company', Zadek über das avantgardistische, moderne 'Freie-Gruppen'-Theater. Der Zuschauer, ob Angelsachse oder

Deutscher, muß lachen. Denn er sitzt in einem 'Theater-Für-Alle', im Boulevard.

Übersetzungs-Probleme gibt es bei Alan Ayckbourn auch deshalb nicht, weil die Komik nicht so sehr im Text, sondern in der theatralischen Situation liegt. Das weiß auch Zadek, denn ihm geht es hier gar nicht um einen Text. Was er will, ist eine gute Spielanleitung – und die bekommt er von seinem Freund Ayckbourn. Sie läßt sich leicht und bequem ins Deutsche übertragen, weil es kaum Pointen, keine geschliffenen Wortspiele, keine Sprachakrobatik, keine ätzenden Wortverdrehungen gibt.[122] Es gibt daher im ganzen Stück – etwa im Gegensatz zu Oscar Wilde – kaum einen einzigen „zitierfähigen" komischen Satz. Hier geht es nicht um Text oder Literatur, sondern allein um Theater. Das Publikum lacht, nicht weil der Satz, sondern weil die Situation komisch ist. Daher sind gute Schauspieler ein absolutes Muß bei Ayckbourn. Damit steht A.A. fest in der englischen Theater-Tradition, in der die Qualität eines Schauspielers (für die Darstellung der betreffenden Figur) stets wichtiger war als die Einfälle, das Konzept oder die Idee des Regisseurs, nach dem Motto: Situation statt Pointe – lebende Figur statt toter Karikatur. Zadek inszenierte nicht ohne Grund „Ab jetzt" mit hervorragenden Staatsschauspielern.

„Ab jetzt" ist eine Science-Fiction-Komödie. Sie spielt in der Zukunft, und zwar in der allernächsten. Für Ayckbourn „irgendwann sehr bald", für Zadek schon „ab jetzt". Bei einem Stück, das in der Zukunft spielt, geht natürlich ein Großteil des Dialogs für Tatsachenmitteilungen drauf. Vieles muß erklärt werden. Kenntnisse über das, was der kauzige Computer-Komponist Jerome in seiner High-Tech-Festung macht, kann verständlicherweise nicht vorausgesetzt werden. Was ein Roboter ist, weiß jeder, aber wer die „Töchter der Finsternis" sind, und warum sie in manchen Stadtteilen die Polizeigewalt übernommen haben, ist nicht so schnell einsichtig. Zum besseren Verständnis folgende Stück-Zitate, hier stark gekürzt wiedergegeben, auf der Bühne ein insgesamt gut zehn-minütiger Dialog zwischen Jerome und Zoe. Aufführungsdauer des ganzen Stücks: zweieinhalb Stunden inklusive Pause. Die Regieanweisungen sind hier gestrichen.

Jerome Sie haben meine Tür aufgelassen. Lassen Sie nie meine Tür auf.

Zoe Nein. Entschuldigung. Nur da waren diese Leute –

Jerome Ich weiß, es gibt diese Leute. Deswegen halt ich sie auch immer geschlossen.

Zoe Es waren diese schrecklichen Mädchen, wissen Sie...

Jerome Mädchen?

Zoe Die mich angegriffen haben. Grade eben. Auf dem Weg hierher –

Jerome Sie angegriffen? – Was haben Sie ihnen denn getan?

Zoe Ich hab gar nichts getan. Ich bin einfach ganz normal von der U-Bahn hierher gelaufen.

Jerome G e l a u f e n ?

Jerome zeigt sich entsetzt über Zoes Leichtsinn, U-Bahn zu fahren und ohne Sicherheitsdienste durch das Viertel zu spazieren. Seine Gestik drückt dabei das „Wie-kann-man-nur?!" aus. So wie man Seiden-Hemden nicht in die Kochwäsche gibt, geht man heutzutage nicht mehr unbewacht und allein Leute besuchen. Der Zuschauer nickt zustimmend, gleichzeitig bleibt ihm das Lachen im Halse stecken.

Zoe Gibt's hier überhaupt keine Polizei? Gar keinen Sicherheitsdienst?

Jerome Nein, nicht mehr.

Zoe Keine Bürgerwehr?

Jerome In letzter Zeit nicht.

Zoe Sie meinen, die Gegend ist nicht geschützt? Überhaupt nicht? Und das Gebäude hier?

Jerome Man hat die Sicherheitsleute immer tot aufgefunden. Es wurde sehr teuer.

Schwarzer Humor ist das. Spöttisch und sarkastisch kommt er daher. Er gipfelt in einem männlichen Zerrbild von Feministinnen: terrorisierende Frauenbanden machen das Viertel unsicher. Ayckbourn ein Chauvinist? Der Verfasser vermag es nicht zu beurteilen.

Jerome Wie sahen diese Leute aus?

Zoe Oh. Grauenhaft. Überhaupt keine Haare. Jedenfalls nicht auf dem Kopf. Aber überall sonst jede Menge. Und so eine Art lila Farbe hier rüber.

Jerome Nein, das ist eine Tätowierung. Sie sind die Töchter der Finsternis.

Zoe Ach so, sie waren weiblich.

Jerome Sie sind für Recht und Ordnung zuständig. Sie sind das Recht.

Zoe Die Töchter der –

Jerome Finsternis. Ja. Zur Zeit.[123]

„Ab jetzt" – die englische Mutter oder besser: der britische Zwilling „Henceforward..." einge-schlossen – „is new in that it describes like a co-mic Beckett the sort of life we are heading for", sagt Zadek.[124] Comic-Beckett? Absurdes Theater also? Wie James Joyce, dessen Kompositions-schemata er auf seine Art weiterführte, spielte Beckett mit den Komik-Traditionen von Shake-speare bis zum Nonsens, wie Joyce liebte er auch den spielerischen Einsatz und die Abwandlung literarischer Zitate. Beckett hat nie Antworten gegeben, seine Stücke sind Theatralisierungen von Zuständen. Aber noch wichtiger ist – und deswe-gen ließ Zadek diesen Namen fallen: Beckett brachte mit seiner radikalen Absage an theatrali-sche Konventionen und herkömmliche Dramatur-gien neue Bilder auf die Bühne. Auch wenn Bek-kett den Begriff des Absurden ablehnte, weil er die Konzeption vom Absurden für larmoyant hielt (wie schon andere Dramatiker[125]), bringt Zadek hier das Absurde ins Spiel. Doch dazu mehr im nächsten Kapitel 'Inszenierung'. Denn auch „Ab jetzt" hält sich an die laut Volker Klotz so unver-zichtbare und unangefochtene Spielgrundlage jedes „Schwanks",[126] nämlich an den familiären Krieg „an den Geschlechterfronten im bürgerli-chen Heim".[127] „Wenn die stereotyp gestanzten Geschlechterfronten des Schwanks weithin bis heut noch vom Publikum begrüßt werden, so deshalb, weil sie trotz monströsem Schematismus nicht aus der Luft gegriffen scheinen", erklärt Klotz.[128] Der Professor für Literaturwissenschaft und frühere Opern- und Theaterkritiker würde heute indes bemerken, in „Ab jetzt" spielt eine andere Musik: Bürgerlichen Leuten geht es immer gut – finanziell jedenfalls. „Wackere Steuermänner ihrer Wertpapiere" macht Klotz im Schwank aus, „Ärzte und Anwälte"[129], bürgerliche Klischee-Figuren also – in „Ab jetzt" jedoch ist es ein Musiker, kurzum: ein Künstler. Aber viel wichtiger: „Ab jetzt" schreibt das Klotz'sche Schwank-Schema in einer nahen Zukunft fort, in der sich alles zum Schlechteren gewendet hat. Natürlich sind hier die Männer hinter den Frauen her, und die Frauen hinter den Männern – „es ist ganz offensichtlich ein Hinterher, kein Gegenüber"[130] – und es wird sich auch kräftig gezankt (Motto: zuerst läßt man sich scheiden und streitet sich dann ums Besuchsrecht bei den Kindern), aber Zadek (Ayckbourn inklusive) bringt nach Science-Fiction-Manier eine Menge technischer Innovationen ins Spiel, die das Schwank-Klima verdüstern. 'Ab jetzt', zeigt Peter Zadek, schlagen sich die Leute nur noch mit selbstkochenden Mahlzeiten aus dem Alu-Behälter die Bäuche voll, leben die Menschen in einer totalen Vernetzung aller

Kommunikations- und Informationsmittel, „also mittels Fern-Sehen, Fern-Hören und Fern-Sprechen".[131] In dieser allgemeinen Vernetzung zappeln Fetzen von Realität und zappeln die Gefühle, die die Menschen allenfalls noch für oder gegeneinander aufbringen können. Mehr Opfer als Nutznießer der Vernetzung ist der Komponist Jerome, der sich in seinem zum elektronischen Aufnahmestudio umfunktionierten Wohnappartement gegen die feindliche Außenwelt und zugleich gegen die Ansprüche seiner geschiedenen Frau und seiner halbwüchsigen Tochter abgeschottet hat. Den Haushalt besorgt Gou 300F, der schon mehrfach erwähnte Roboter in Frauengestalt, eine stückbeherrschende Figur. Das alles hat Folgen für das Schwank-Schema. Der Zuschauer, auf Klamotte eingestellt, merkt, die da oben zappeln überhaupt nicht in den Klischees eines Schwanks. Was da passiert, steckt in der Wirklichkeit. Jeder im Publikum – er mag darüber lachen oder nicht – könnte es 'ab jetzt' im eigenen Alltag antreffen. Daß es auf der Bühne anzutreffen ist, dafür sorgt Ayckbourns und Zadeks groteske Verzerrung. Sie entzerrt die allzu nahe, gewohnheitsmäßige Alltagsoptik der Zuschauer.

„Die Geschlechterfronten beziehen ihre dramaturgische und ideologische Formel aus dem Schema der bürgerlichen Familie, das jeder

78

Schwank als unverzichtbare und unangefochtene Spielgrundlage beansprucht", sagt Klotz.[132] Dabei spielt der Sex eine große Rolle. „Jedesmal geht's um eine Kreuzung und Durchkreuzung von zulässiger und unzulässiger Sexualität."[133] Der Geschlechterkrieg in „Ab jetzt" ist indessen mal nur-komisch, mal tragikomisch. Jerome und Zoe im ersten Akt, beide haben gerade gegessen:

Jerome Also, wollen wir...? Was möchtest du am liebsten? Möchtest du lieber – hier? Oder –?

Zoe Ist mir recht. Hier ist gut, wenn – du –

Jerome Oder im Schlafzimmer, das wär vielleicht –

Zoe Klar. Gut. Ob sie das Bett inzwischen gemacht hat, was meinst du? (*Zoe meint die automatische Hausfrau Gou, d.V.*)

Jerome Nein, kein Problem. Die Laken sind nur für sie, damit sie –

Zoe Ja, gut. Wollen wir da reingehen?

Jerome Ja, ja, ja.

Zoe Ich bin untersucht worden. Letzten Monat. Ich bin in Ordnung. CBH 1.

Jerome Prima. Gut. Gratuliere.

Zoe Naja. Man kann nicht vorsichtig genug sein, oder?

Jerome Nein.

Zoe Bist du –? Hast du –?

Jerome Ach ja – irgendwo. Es ist im – ich hab's in den – Es ist irgendwo...

Zoe Danke. Du willst es doch immer noch, oder?

Jerome Oh, ja ... und wie. Klar.

Zoe Weil, wenn nicht, macht's mir nichts –

Jerome Doch, doch. Und du?

Zoe Oh, ja ... und wie.[134]

Zwei Menschen wollen miteinander ins Bett. Ayckbourn und Zadek kosten das aus. Sie zeigen die beiden unsicher, ja geradezu hilflos im Umgang mit Sex. Der Mann ist nicht mehr der Überlegene, besser: der Boulevard-Casanova, der die Frau ins Schlafgemach zerrt, heiß und innig und balzend das „Ich-will-Dich" ruft. Das Gegenteil ist der Fall. Das AIDS-Thema bringt die Frau auf den Tisch, wenn auch vorsichtig-schüchtern. Im 'Normal'-Schwank ist die Sexualität entweder krampfhaft-aufbegehrend, oder sie wird einfach niedergehalten: Ein Griff in die verhüllten Weichteile, ein Busen, der – mir nichts, dir nichts – aus dem Korsett fällt, oder ein aufgesetzt-laszives Gekicher um die Erotik herum im biedermeierlichem Moderato. „Die Sexualisierung im Schwank trifft sich mit der Verplanung und Funktionalisierung der dramatischen Personen im mechanischen Ablauf des Geschehens", sagt Klotz, „wie die Pawlowschen Hunde, denen pünktlich aufs Glockenzeichen hin das Wasser im Mund zusammenläuft."[135] In „Ab jetzt" haben wir es aber eben nicht mit diesen „Marionetten ihrer abgeklemmten Triebe ... und der geltenden Moralanschauungen"[136] zu tun. Zoe und Jerome werden tatsächlich 'intim', und daß man darüber lacht im Parkett, liegt an der 'Echtheit', die, weil's um Sex geht, verunsichert. Zoe und Jerome brauchen lange, und man weiß zu keinem Moment, ob sie's 'schaffen'. Immerhin, getan haben sie's dann doch. Und wie!:

Zoe Gestern Abend war das erste Mal – du hast einige Zeit mit niemand geschlafen, nicht?

Jerome Drei Jahre.

Zoe Du kriegst das schon bald wieder hin, bestimmt.[137]

Die tragikomische Sex-Variante gibt es im zweiten Akt. Jerome und seine Ex-Frau Corinna haben nach langer Zeit einen stillen Moment finden können, miteinander zu reden:

Corinna Es gibt keine Gerechtigkeit. So ist es. Keine. Hier bin ich – Ich hab niemand gefunden, weißt du das? Niemand.

Jerome Ah, das liegt nur an deinen hohen Ansprüchen. Richtigerweise...

Corinna Ich hab überhaupt keine Ansprüche. Nicht mehr. Ich nehm jeden, der verfügbar ist. Ich bin eine vierzigjährige Bankmanagerin, die in ihrem Büro sitzt und weint. Wer will das denn? Weißt du, daß ich neulich einem Mann einen Kredit gegeben habe, nur weil ich mit ihm schlafen wollte?

Jerome Mein Gott. Und hast du?

Corinna Natürlich nicht. Es stellte sich raus, daß er das Geld nur geliehen hat, um zu heiraten.[138]

Ein Geschlechterkrieg sicherlich, aber es ist nicht der, den Klotz in jedem Schwank auszumachen weiß. „Die Waffen: die Männer setzen Lügen ein, die Frauen moralische Erpressung. Machtpositionen: die Männer sind materiell, die Frauen ideologisch überlegen."[139] Eben nicht! Jerome zieht sich hier als regressiver Rückzugs-Träumer in eine Computer-Spielwelt zurück, in der er sich als kleiner Junge fühlen kann. Corinna zeigt eine eher schwache, weiche und zum Teil aber auch nervensägende Verliererin, auch wenn sie am Schluß Jerome fast für sich gewinnen konnte. Auf der anderen Seite jedoch ist Zoe, die als kopflos-verquatschtes Hosteßchen über die Bühne humpeln und mit Jerome ins Bett gehen darf. Zwar 'versagt' dort Jerome (also Schema-Bruch), doch die Figur paßt in Klotz' Schwank-Schema: Die erotischen Ausflüge der Männer tragen „von vornherein den Stempel ... von sozialem Außerhalb".[140] Zoe ist als Hosteß und Schauspielerin nicht-bürgerlich. „Diese Halbweltdamen werden schließlich desto strikter als unbekömmlich aus dem Verkehr gezogen."[141] Obwohl Zoe von sich aus geht (Schema-Bruch), ja, empört aus der elektronischen Hexenküche flieht, nachdem sie erfahren hat, daß Jerome nicht nur ihr natürliches Lachen, sondern auch die Beischlaf-Geräusche in seine Liebes-Symphonie einkomponieren will.

Wenn Klotz schreibt, die Männer wüßten, „daß die Ehefrauen weniger ihre persönliche als die allgemeine Moral ihrer Klasse vertreten"[142], so trifft das auch hier nicht zu. Zwar tut man noch so, aber wie sieht denn die Frauen-Klasse in „Ab jetzt" aus? Es ist die herrschende! Vor Jeromes Haustür haben terrorisierende Frauenbanden („Die Töchter der Finsternis") längst die Macht übernommen, Jeromes Tochter ist ein maskuliner Schreckschrauben-Punk, die Putz-Frau eine kühle

Maschine. Da kann die männliche und konservative Mittelschicht doch nur noch zittern.

Für Klotz ist „der Schwankheld grundsätzlich Vater von Töchtern".[143] „Ab jetzt" bestätigt das nur zu 25 Prozent. Denn: Jerome ist ein Anti-Held – bleiben also nur noch 50 Prozent –, die Tochter Geain ist zwar eine Tochter, aber was für eine:

Corinna Ja, da ist sie. (*Jerome sieht seine Tochter nach langer Zeit das erste Mal wieder, d.V.*)

Geain (*auf den Rücken ihrer Jacke ist HURENSÖHNE gestanzt, d.V.*) Er.

Corinna Entschuldigung, mein Irrtum. Er. Du erinnerst dich doch noch an deinen – Sohn – Geain, nicht wahr? Das ist dein Vater.

Jerome (*später zu Corinna, d.V.*) Ich möcht mal eins klarstellen. Das – Ding da ist nicht mit mir verwandt – dieser Transvestit, dieser LKW-Fahrer... Was hast du mit meinem kleinen Mädchen gemacht? Ich möchte mein kleines Mädchen wiederhaben. Das Ding hab ich noch nie gesehen. Was ist es? Ich will es nicht haben. Nimm's wieder weg! Schraub's wieder auf den Kirchturm, wo's hingehört... [144]

... also nur noch 25 Prozent.

Doch „Ab jetzt" ist mehr als nur ein elegant-witziger Geschlechterkrieg des bürgerlichen Lachtheaters, in dem mithin eine Vereinsamungs-tragödie steckt. In „Ab jetzt" steckt auch ein Künstler-Drama. Jerome hat mit einer großen Schaffenskrise zu kämpfen. Sein Drang, schöpferisch zu sein, saugt ihn geradezu aus. Der Mann hat nach der Trennung von Frau und Kind eine Blockade, die sich nicht nur im Bett bemerkbar macht. Das alles legt sich flau auf Scherz, Satire und Ironie der „Comédie Humaine"[145], bricht das Klotz'sche Schwank-Schema. Nicht zu vergessen die neuen Technologien, die im Stück einen großen Erklärungsaufwand beanspruchen, und die natürlich auch für heftigste Situations-Komik sorgen.

Peter Zadek zeigt in seiner Inszenierung ein moralisches Dilemma auf: Wer ist wem überlegen? Der Mensch der Maschine oder umgekehrt? Jerome darf kurz vor Schluß resümieren: „Wenn Menschen sich ein bißchen weniger wie Menschen benehmen würden und ein bißchen mehr wie Maschinen, ginge alles viel besser."[146] Dieser Satz ist eine einzige Bedrohung. Der Mensch gescheitert im Kampf gegen eine totalitäre Maschinen-Welt. Oder zaghafter ausgedrückt: Jerome versucht die seelen-losen Maschinen zu be-seelen!

Selbst die Kindererziehung übernimmt der Roboter. Geain, dieses unflätig-aggressive 'Hurensohn'-Töchterchen, ist für Gou ein Kinderspiel. Keine zehn Minuten dauert es, und Geain ist das niedlich-nette kleine Mädel von nebenan. Noch besser: Geain ist nach ihrer Metamorphose in Gou vernarrt – in vollem Bewußtsein, daß Gou ein Konstrukt aus Zahnrädern und Chips ist:

Corinna Aber. Das ist eine Maschine. Du kannst doch nicht bei einer Maschine bleiben.

Geain Warum nicht?

Corinna Weil – weil es eine Maschine ist.

Geain Vati ist doch auch.

Corinna Ja. Dein Vater – dein Vater ist eben dein Vater. Aber normale Menschen ... wie wir – können nicht mit – Jerome, in Gottes Namen, erklär ihr das.

Jerome Ja. Geain. Verstehst du, du kannst nicht bei einer Maschine bleiben.

Geain Warum nicht?

Jerome Weil – Menschen sind – besser. Sie sind viel besser als Maschinen, weil...

Geain Weil...

Jerome Weil, Menschen sind...

Corinna In Gottes Namen, Jerome! Erklär ihr, warum sie besser sind –

Jerome Mir fällt kein Grund ein! Nicht ein einziger! Sie hat recht.[147]

Vor allem schlachtet Zadek für seine Roboter-Automaten-Aufführung das Sortiment der komischen Defekte aus. Gou ist von vornherein ein Katastrophen-Modell; das wird auch nicht besser, wenn High-Tech-Hobby-Bastler Jerome an der Programmierung herumpfuscht. Im ersten Akt spielt Ingrid Andree die Gou: Ein wandelnder Wisch-Mop, der Jerome den ganzen Haushaltskram vom Halse hält. Jerome kann sich dadurch ganz seiner avantgardistischen(!) Musik widmen.[148] Doch Gou hat eben einige Schrauben locker: sie staubsaugt ohne Staubsauger, mit dem Rohr allein, „kurz: bei der situationskomischen Ausbeutung des Frauenautomaten" erwiesen sich Zadek und Ayckbourn „als Schwank-Profis, nämlich als nicht wählerisch".[149] Der Roboter humpelt und hinkt, rumpelt und rempelt über die Bühne. Als sich dann auch noch die Schauspielerin Zoe (Susanne Lothar) einfindet – sie soll gegen Entgelt nicht nur noch fehlendes akustisches Material für Jeromes Kompositionen liefern, sondern auch seine Verlobte spielen –, stoßen hier zwei köstliche Frauen-Typen aufeinander: Die Maschine und das nicht so ganz helle Hosteß-Fräulein. Zoes Naivität bewahrt sie wie ein noch unversehrter Ozon-Mantel vor allzu starker Geistesbestrahlung. Doch bekanntermaßen verläßt auch Zoe nach einer kurzen Liebes-Affäre den Komponisten. Jerome gibt daraufhin seinem häuslichen Service-Computer Aussehen, Stimme und Gestik Zoes – und flugs wandelt sich das mechanische Muttchen zur automatischen Mätresse. Im zweiten Akt spielt Susanne Lothar die Gou, Ingrid Andree die Ex-Frau Corinna.

Der Roboter ist der Clou des Stücks, und die Besetzung macht die Musik. Susanne Lothar und Ingrid Andree kosten ihre Rollen als Gou 300F bis in die letzten komödiantischen Möglichkeiten aus. Slapstick ist angesagt. Zum Running Gag werden auch die 'Auftritte' von Harald Juhnke: In Abständen erscheint er als Jeromes Freund Lupus und immer dessen Hilfe erheischend auf dem Video-Monitor. Der Mann steckt die ganzen zweieinhalb Stunden in offensichtlich großer Bredouille und ist natürlich immer betrunken. Hier stellt sich natürlich die Frage, was der Zuschauer wahrzunehmen gedenkt: die Rolle oder den Schauspieler. Jedenfalls, wie ein Dompteur wirft hier Zadek den Klischee-Säufer Juhnke der Zuschauer-Meute in den Rachen. Und die schlingt den Brocken grinsendgierig runter. Dabei hat Zadek die Lupus-Rolle einfach nur trefflich besetzt, das Original schreibt schließlich einen Säufer vor, und Juhnke ist gottlob ein Komödiant, der über sich selbst lachen kann.

Mervyn, der Sozialarbeiter vom Jugendamt, zeigt sich in „Ab jetzt" als Zwitter-Figur: Der Mann ist an seinem Körper gänzlich verkabelt. Sein Jackett besitzt nicht nur spezielle Taschen für ein drahtloses Telefon, einen Anrufbeantworter – dieser Technik-Freak hat auch eine automatische „Alarm-Weste", die seinen Torso wild umdrahtct und genauso wild herumpiept. Ein Homo-Sapiens in Roboter-Kostüm.

„Ab jetzt" ist Boulevard-Theater in einer Welt der totalen Kommunikation. Es ist eine Schrekkensvision von der Zukunft. Für Klotz ist der Schluß eines jeden Schwanks „nicht nur platt, er ist auch folgerichtig". Was die beiden Geschlechterfronten gegeneinander aufgebracht habe, „kann, bei ihrer verschränkten Interessenlage, nur auf Waffenstillstand hinauslaufen".[150] Von dieser „konfektionierten Machart" (Klotz[151]) kann bei „Ab jetzt" nicht die Rede sein. Es gibt kein Happy-End. Jerome läßt Frau und Tochter abziehen und wendet sich wieder den Knöpfen und Schaltern seiner Aufnahme- und Manipulationsgeräte zu. Nach wenigen Minuten kann er sich und seinen Zuhörern im Theater eine Kostprobe aus dem entstehenden Opus in die Ohren filtern. Das Wort „Liebe" dröhnt, in einen dämonisierten Sound eingebettet, aus allen übersteuerten Boxen. Vielleicht ist aber genau das das Happy-End: Der Künstler hat zur Kreativität zurückgefunden. Dazu mehr im nächsten Kapitel.

„Ab jetzt" in Deutschland und „Henceforward..." in England – Unterschiede in den Aufführungen? „Theater heute" hat sich beide angesehen: „Vergleicht man Peter Zadeks Inszenierung mit der Londoner Aufführung ..., bei der Alan Ayckbourn selbst Regie geführt hat, so sind beide Arbeiten frappierend ähnlich. Präzise und mit nüchterner Ökonomie inszenieren sich Zadek und Ayckbourn die Partitur entlang. Aufmerksam umkreisen sie die Figuren, die ja längst keine Ex-und-hopp-Schwankfiguren mehr sind. Finster das Ambiente in London wie in Berlin."[152]

Zadek benutzt also die Strichfassung Ayckbourns für seine Inszenierung. Der einzige Unterschied: die Strichfassung ist diesmal auf deutsch. Zadek inszeniert somit „werkgetreu". (Das erstemal, daß man diesen Begriff, der sonst nur von konservativer Seite gebraucht wird [„Wir wollen unsere Klassiker wiedererkennen!"], korrekt anwenden kann.) Zadek: „Ich habe werktreu gearbeitet. Ich bin genau dem nachgegangen, was der Text verlangt. Warum soll ich etwas ändern, wenn es gut ist."[153]

Das Inszenierungskonzept

Wir leben längst im Schatten der Aufklärung: in dieser zwielichtigen Zeitzone, da selbst das hellste Wissen dunkles Unheil impliziert. Die Naturbeherrschung durch den technisch-zivilisatorischen Fortschritt verkehrt sich in Naturzerstörung. Der ökologische GAU steht vor der Tür, der atomare grüßt schon längst. „Während man mit dem Kind in der Sonne spielte – ihm etwas ehedem Gutes zu tun glaubte –, hat man zu seiner Verstrahlung beigetragen", schreibt Wolfgang Welsch in „Ästhetisches Denken".[154] Und weiter: „Heute geben uns die Sinne nicht einmal mehr über solche Zuträglichkeiten und Abträglichkeiten mehr zuverlässig Bescheid."[155] Welsch nennt das „Anästhetisierung als Lebensvorteil in einer technologisch veränderten Welt".[156] Anästhetik meint jenen Zustand, wo das Elementare des Ästhetischen – die Empfindungsfähigkeit – aufgehoben ist. „Anästhetik hat es, kurz gesagt, mit der Kehrseite der Ästhetik zu tun."[157] Wichtig: Anästhetik thematisiert das Nicht-Wahrnehmen. Doch, was hat das alles mit Zadeks „Ab jetzt"-Aufführung zu tun, zumal das Gesagte bierernst ist? Viel – denn „Ab jetzt" ist bierernst!

Peter Zadek arbeitet daran, die Differenzen bewußt zu machen zwischen dem konkret Wahrnehmbarem und dem Nicht-Wahrnehmbaren, genauer: dem Verdrängten. Welsch spricht sogar von physischer Stumpfheit und geistiger Blindheit.[158]

„Gegenwärtig und künftig schreiten die Menschen kraft telekommunikativer Totalausrüstung auf ihre monadische Vollendung zu, indem sie sich zu televisionären Monolithen entwickeln. Dabei werden sie freilich zunehmend kontakt- und fühllos gegenüber der ehedem eigentlichen, 'konkreten' Wirklichkeit, die inzwischen zur uneigentlichen, sekundären, scheinhaftfarblosen Realität herabgesunken ist. Diese Anästhetisierung gegenüber der Realität von einst ist die Kehrseite des Aufstiegs der neuen, der Tele-Ontologie."[159]

Jerome hat sich längst zum televisionären Monolithen entwickelt. Realitäten nimmt er nicht mehr wahr. In seiner Tele-High-Tech-Burg, in dem die Monitore wildgeworden sind, ist Götterdämmerung angesagt. Jerome – der Künstler –, seine Gesamtkunst-Komposition, an der er arbeitet, nennt er „Liebe". Seine Einsicht, von der er immer noch beseelt ist, ließe sich so beschreiben: 'In den großen Mythen werden, auf Einzelschicksale projiziert, die kollektiven Erfahrungen der Menschheit aufbewahrt; und deren fundamentale Wahrheiten, das wissen Poeten, Philosophen und eben Künstler (wie Jerome einer ist, bzw. sein will, immerhin: die von ihm komponierte Musik für eine Babypuder-Fernsehwerbung soll gut angekommen sein[160]), überdauern so beispielskräftig, weil sich zwar die äußeren Lebensumstände durch Wissenschaft und Technik rapide verändert haben, kaum aber die Seele und der Körper des Menschen. Die Liebe und der Tod sind die Pole aller Hoffnungen und Ängste und darum auch aller Dichtungen geblieben.' Das klingt wie die bekannte und vielbeschworene gelungene Assimilation von Mensch und Technik. Doch auch hier enttäuscht die Inszenierung. Denn die Technik, besser und um im Stück zu bleiben: die Maschine (Gou 300F) hat uns Menschen schon seit langem überholt. Es sei an Jeromes Satz erinnert: „Wenn Menschen sich ein bißchen weniger wie Menschen benehmen würden und ein bißchen mehr wie Maschinen, ginge alles viel besser."[161] Und die Liebe als Pol aller Hoffnungen? „Ab jetzt" zeigt die Liebe zur Maschine! Das ist das Ende der Aufklärung – und ihrer Dialektik! In Horkheimers und Adornos Studie zu eben dieser Dialektik wird an die Sirenen-Episode der „Odyssee" erinnert: wie Odysseus sich an den Mast seines Schiffes fesseln läßt, um das lockende Lied der Sängerinnen hören zu können, ohne zugleich der Verführung nachgeben zu müssen, sich ihrer Todesinsel zu nähern.[162] Adorno und Horkheimer bezeichnen mit dieser Episode der „Odyssee" ein besonderes Gleichnis – für die dialektische Beziehung nämlich zwischen rationaler Aufklärung und den Faszinosa vorrationaler Mythen. Anders ausgedrückt: Aufmerksam gemacht wird auf eine geglückte Beziehung zwischen kultureller Tradition und wissenschaftlich-technischem Fortschritt. Die „Ab jetzt"-Inszenierung führt genau das ad absurdum, es kommt zur totalen Demontage bürgerlich-aufgeklärten Selbst-Verständnisses: Die Figuren auf der Bühne werden – trotz ihrer bürgerlichen Interaktions-Rituale und moralischen Vorstellungen – absurd durch den Umgang mit dem Roboter Gou 300F. Die Ästhetik dieser Mega-Maschine (das mechanische Weltbild Newtons läßt grüßen, Motto: alles ist plan- und berechenbar), die sogar das menschliche Denken zu bestimmen vermag, die Ästhetik der elektronischen Küche, der selbst-kochenden Mahlzeiten aus dem Alu-Behälter, der High-Tech-Festung – das alles gerät dadurch in die Absurdität, weil sich mittendrin ein Bürgertum bewegt, das gar keine bürgerlichen Grundlagen mehr hat. Die Umgangsformen sind leer, werden aber bewahrt, man denke an den zuvor beschriebenen Geschlechterkrieg. Das Publikum wird immer wieder enttäuscht. Zadeks Inszenierung ist ein Spiel mit Enttäuschungen. Das Unerwartete „zwingt den Zuschauer, sich bewußt dafür zu entscheiden, was er denkt", meint Zadek.[163] Die Absurdität des bürgerlichen Alltags: Der Künstler ist kein von der Muse geküßtes Genie (Ende des bürgerlichen Kunstbegriffs!). „Sie sind ein Genie", mag dennoch und ganz aufgeregt Zoe zu Jerome sagen, nachdem sie erfahren hat, daß er die Musik zu einem Babypuder-Werbespot(!) geschrieben hat.[164] Zoe nimmt Jerome wahr als Künstler, sie ästhetisiert das Genie, aber durch die Art, wie sie es macht, befragt der Zuschauer (er kann es zumindest) die Grenzen dieser ihrer und folglich auch seiner eigenen Wahrnehmung, Sinne, seiner Ästhetik also, und kommt so zum Nicht-Wahrnehmbaren, zur Anästhetik: Jerome als Nicht-Goethe-Genie, heillos verstrickt in der Technik. Es kommt „auf die Wahrnehmung des Nicht-Wahrnehmbaren" an, sagt Welsch.[165] Daher könnten ästhetisches Denken und ästhetische Erfahrung Wirklichkeitskompetenz für eine Welt gewinnen, „die sowohl durch Ästhetisierung wie durch Anästhetisierung geprägt ist".[166]

Zadek versucht, das Bewußtsein dafür zu schärfen, daß das Entscheidende der Wahrnehmung systematisch entzogen sein kann, und genau diesen Tatbestand gilt es zu sensibilisieren. Die Welt und ihr abstrakt gewordener globaler Schrecken, der uns mit den täglichen Nachrichten flimmernd-unwirklich überzieht, in denen Tausende von Stunde zu Stunde verhungern und Folter und Massenmord nicht mehr 'ewige' Themen der Epen und Tafelbilder sind, sondern Tagesthemen auf dem Bildschirm, läßt Peter Zadek einen absurden Zukunfts-'Schwank' machen. Natürlich sind das alles keine neuen Fragen. Für den Dramaturgen Zadek bleibt nebenbei als älteste Antwort – um noch einmal das Odysseus-Bild zu gebrauchen – im Olymp des Theaters ein homerisches Gelächter: Die schwarze absurde Komödie. „Comic Bekkett" – so beschreibt, wie erwähnt, Zadek den Engländer Ayckbourn.

Gerade weil „Ab jetzt" in der Zukunft spielt – genauer: kurz bevorsteht –, kann Zadek mit unseren heutigen Bewußtseins-Schemata spielen, die 'bis jetzt' (noch) in uns sind, auf uns Einfluß nehmen. 'Bis jetzt' sind wir noch blind, 'ab jetzt' werden wir noch blinder sein, könnte das „Ab jetzt"-Motto lauten. Genau diesen Tatbestand offenbart Zadek und eröffnet uns damit die Möglichkeit, wieder zu sehen, wieder wahrzunehmen, was verdrängt, nicht-wahrnehmbar war. Und das mit den Mitteln, die das Theater bieten kann. Da der Regisseur einen Zeigefinger auf der Bühne nicht kennt, ist seine Inszenierung für den Zuschauer 'offen', vielleicht sogar fragmentierend. Zadeks Kollege Peter Stein präsentiert hingegen, um einen Gegensatz deutlich zu machen, zusammenhaltende, stilistisch geschlossene Arbeiten. Zadek über Zadek: „Die Spannung, das Zersetzende, das Collagierende, das Offene – meine Inszenierungen bleiben offen zum Leben. Sie haben immer Lükken, wo was rein- und rausschlüpfen kann, wo man sich etwas denken kann – oder auch nicht."[167]

Gegen systematische Anästhetik helfe nur gezielte Ästhetik, sagt Welsch.[168] Vermag also ein Peter Zadek, unsere Wahrnehmungsfähigkeit über das bloß sinnliche Wahrnehmen hinauszutreiben? „Ab jetzt" ist der gelungene Versuch, durch das Aufzeigen eines entleerten Ästhetik-Begriffs und dessen Wirkungslosigkeit eben dieser entgegenzuarbeiten. Nur dann bemerkt man die Anästhetisierung überhaupt. Das nur-sinnliche Wahrnehmen hat Zadek schon immer geärgert: „Wir haben uns zu sehr um den ästhetischen Rahmen gekümmert, um die Peripherie, und zu wenig ums Zentrum."[169] Dadurch, daß dem Publikum das Absurde vorgehalten wird, kann es zur Erkenntnis seiner ästhetischen Beschränkheit gebracht werden, und der jetzt neu „ästhetisch Sensibilisierte erkennt die Kehrseite des Prozesses und bahnt einem anderen, auf die Anästhetik reagierenden, nicht ihr verfallenden Handeln den Weg".[170]

Bruch 3 – Mit Staatsschauspielern an einer Privat-Bühne

Stars spielen eine wichtige Rolle – nicht nur im Boulevard-Theater. Sie sind zugkräftige Publikumsmagneten, die jedes Haus braucht. Bei den Privat-Bühnen sind die Stars sogar für den Inszenierungs-Stil verantwortlich. Sie müssen in der Aufführung ins rechte Licht gerückt und publikumswirksam verkauft werden. „Ihre auratische Erscheinung bewirkt eine spezifische Kommunikationsweise, bei der die Rollenidentität durch die Schauspieleridentität zurückgedrängt wird", sagt Gudrun Leisentritt.[171] Viele dieser Stars sind dem Publikum aus dem Fernsehen bekannt. Idealisierte und verherrlichte man früher noch die Stars, so sind die Produzenten heute dabei, die Darsteller zu „vermenschlichen". Denn wo könnten sie sich menschlicher zeigen als auf der Schwelle zwischen Schlafzimmer und Wohnzimmer, „den typischen Schauplätzen der publikumsbezogenen Privatheit der Boulevardstücke".[172] Es ist die Neugier, am vermeintlichen 'Privatleben' der Stars teilzunehmen, die einen großen Teil des Boulevardtheater-Publikums in die Häuser lockt. Vergleichbar ist das mit der Regenbogen-Presse und ihren Kolportagen über Fürstenhäuser, Politiker etc.. Die Idole müssen menschlich und privat gezeigt werden.[173] Wohlgemerkt, dies gilt für die privaten Boulevard-Bühnen. Und was macht Zadek? Er inszeniert „Ab jetzt" mit Staatsschauspielern an eben diesen Bühnen. Die Namen:

Jerome	Otto Sander / Matthias Fuchs
Zoe/Gou 300F	Susanne Lothar
Corinna	Ingrid Andree
Mervyn	Matthias Fuchs (Rüdiger Kuhlbrodt)

Die Besetzung alterniert zum Teil, da die Schauspieler andere Verträge zu erfüllen haben, ihre Rollen nicht 'en suite', sprich: wochenlang durchspielen können. Nicht mit einer Staatsschauspielerin besetzt ist die Rolle der Tochter Geain. Und auch Lupus, Jeromes Freund, der nur auf dem Video zu sehen ist, brilliert nicht auf Staatsbühnen: Harald Juhnke. Er ist in erster Linie dem Boulevard-Publikum bekannt, das die vermeintliche Privatheit des Star-Entertainers auch gleich vorgesetzt bekommt: den Trunkenbold-Juhnke. Er wird hier publikumswirksam verkauft. Seine lallenden Anrufe via Video-Telephon eignen sich hervorragend für einen Running-Gag.

Der Ausflug der Staatsschauspieler auf eine Privat-Bühne gefiel insbesondere Susanne Lothar. Die junge Schauspielerin, die die öffentliche Trennung von ernster und trivialer Kunst wütend macht, fand es überhaupt nicht „komisch", an einem Privat-Theater zu spielen. Zumal sie „mit einem guten Regisseur und guten Partnern an jedem Theater" spielen würde.[174] „Ab jetzt" war für sie das erste Boulevard-Stück. Die Doppel-Rolle (Zoe/Gou 300F) fand sie „bombig". Susanne Lothar arbeitet seit 1985 mit Peter Zadek zusammen. „Er hat mir viele Türen geöffnet, da die Phantasie der Schauspieler das für ihn einzig wichtige während der Probenarbeit ist." Boulevard zu spielen, sei für sie weder „schwieriger noch leichter", nur anders. Boulevard selbst ist für sie eine „hohe Kunstform", die viel zu wenig auf Staatsbühnen gezeigt werde. Eine große Trennlinie zwischen Staats- und Privatbühne gebe es, das habe sie besonders beim Publikum bemerkt. Für die Schauspielerin sei daher Ayckbourn, den sie „großartig" findet, der richtige Autor, um beide Bühnen zu verbinden. Da allgemein immer noch nicht geklärt sei, welche Schicht von Leuten in die Musentempel gehe („Abiturienten in die Staats-Theater, Hauptschüler in die Privat-Theater? – Alles Unsinn!"), „ist erst recht eine Trennung unsinnig und schlechthin nicht mehr zeitgemäß". „Typisch deutsch" sei dieser Tatbestand, sagt Susanne Lothar. Da die Menschen immer mehr Freizeit hätten, müsse das Theater ein Theater für alle sein, „das alle verstehen, das alle interessiert, und wo sich alle wohl fühlen". Sie glaube, das sei auch der Grund gewesen, warum Zadek auf einer Privatbühne „Ab jetzt" mit Staatsschauspielern inszeniert habe.

Als 'Star' habe sich die damals 31jährige Lothar im Privat-Theater nicht empfunden. „Dieses Publikum kannte mich doch kaum." Im Programmheft allerdings wurden die Staatsbühnen-Größen vorgestellt. Der Zuschauer konnte sich also informieren, welche Schauspieler-'Elite' ihm vorgesetzt wird. Mit anderen Worten: Nicht nur für Susanne Lothar eine neue Situation im Theater, sondern auch für das Publikum, das mit Staatsbühnen-Akteuren konfrontiert wurde.

Bei Ayckbourn gibt es keinen Helden, weder negativ noch positiv. Und das, obwohl das Publikum solche Protagonisten normalerweise haben will. Selbst die Lacher sind im Stück nicht vorprogrammiert: „Die Zuschauer lachten über die merkwürdigsten Stellen. Wir konnten nie genau sagen: das ist garantiert ein Lacher. Das war für mich als Schauspielerin sehr aufregend."

Bruch 4 – Der verwirrte Zuschauer: Fragezeichen im Kopf, Sektglas in der Hand

„Aber genauso wenig taugt eine Kunst, die mit ihrem Publikum nichts vorhat, als es zu erziehen und glaubt, sich dazu zu kasteien, d.h. sich aller ihrer vielfachen Mittel entledigen zu müssen. Sie wird das Publikum nicht erziehen, sondern es nur langweilen."[175]

„prodesse et delectare" – seit der Aufklärung kräftigst in Widerspruch zueinander geraten. Das alte Problem: Bildung und Unterhaltung als unüberbrückbarer Gegensatz. 'Das große Fragezeichen interessiert bei uns gar nicht', mögen einige Unterhaltungs-Produzenten hier jetzt rufen, für sie steht diese Grundhaltung zwischen Bühne und Parkett fest. Von „schöpferischer Spannung zwischen Werk und Theater" keine Spur im Boulevard, wie die Gegner des 'Trivialen' so gerne sagen?[176] Für sie müßte der Umkehrschluß lauten, die Leute wollen das auch gar nicht, schließlich entspreche „dem angepaßten Produkt der angepaßte Konsument".[177] Motto: Das Publikum bekomme eben, was das Publikum wolle. Aber ist denn wirklich so klar, was der Theater-Konsument des ausgehenden 20. Jahrhunderts vom Schauspiel serviert bekommen möchte? Was will das Publikum überhaupt, wie sehen seine Erwartungen aus, was nimmt es wahr, genauer: was will es wahrnehmen und, wie in der 'Inszenierung' gesehen, nicht-wahr-nehmen? Und was passiert, wenn es auf einen Zadek stößt, der bekanntermaßen „scharfe Kontraste" will und „Schocks"?

Aus Spannung, ob nun 'schöpferisch' oder nicht, entsteht Innovation. Voraussetzung dafür ist das Moment der Distanz. Spannung wird allerdings kaputtgemacht, wenn auf den Brettern nur reproduziert wird und nicht produziert, wenn das Stück vom Autor den Erwartungen des Publikums und den Erfordernissen der Bühne angepaßt wird. Dabei ist hier nicht die 'Bühnenwirksamkeit' als ausschlaggebendes Kriterium gemeint. Auch Shakespeare hat für eine bestimmte Bühne geschrieben und Bühneneffekte einkalkuliert. Der Unterschied: Shakespeare hat nicht imitiert, sondern hat Tradition geschaffen.[178] „Ihre Größe [Shakespeares und Lope de Vegas, d. V.] besteht darin, daß sie ein Höchstmaß an gesellschaftlich Vergegenständlichtem in sich selbst verarbeitet und – daran gebildet – selbst zu bilden vermögen. Der große Dichter gewinnt dadurch einen doppelten Bezug zur Überlieferung: Das Aufnehmen von Tradition und das Erzeugen von Tradition werden eins. Am Schnittpunkt beider entsteht und wirkt das Werk. ... Das Verhältnis ist nur dort schöpferisch, wo das Überlieferte in gewandelter Situation selbst eine Wandlung erfährt."[179] Kurzum: Tradition wird nur dort geschaffen, wo man sie überwindet; Spiel wird nur dort Spiel, wo es nicht zur Routine erstarrt, sondern Gegenwelten errichtet, wo es trotz harmonisch-gesselligen Schmuse-Komplotts von Bühne und Parkett zu einer Distanz kommt, die den Weg frei macht zur Innovation. Aber halt! Der Zuschauer ist jetzt gefragt, um ihn soll es ja gehen.

Das Publikum – das unbekannte Wesen? Was will es bloß? Das Publikum ist von der Semantik her ja schon im Theater. Man sollte daher mit der Frage starten, warum geht es überhaupt ins Theater? „Der Theaterbesuch als gesselliges Ereignis ist wichtiger als die jeweilige konkrete Aufführung", sagt Gudrun Leisentritt,[180] die 1978 an zwei Münchner Boulevard-Theatern Publikumsbefragungen durchgeführt hat. Laut dieser Untersuchung hätten der Titel des Stücks, der Autor und die Kritik einen ungemein geringen Stellenwert.[181] Träfe das heute auch nur noch zu einem kleinen Prozentsatz zu, Autoren und Regisseure könnten sich die Finger lecken, denn sie hätten ein Publikum vor sich, mit dem sie machen können, was sie wollen. Für den einen Kreis der Theater-

Macher kann somit noch das vorurteilsvolle Harmonie-Postulat gelten, das Boulevardtheater-Publikum wolle seine 'heile Welt', – Stagnation auf der Bühne wäre die Folge; der andere Kreis hingegen bemüht sich um die Präsentation neuer Stoffe als auch um die neue Präsentation von Stoffen unter veränderten Bedingungen. Zadek gehört in diesen Kreis. Der Regisseur würde zu keiner Zeit die Entspannungsfunktion, die dem Boulevard-Theater zugeschrieben wird, in Abrede stellen, doch genauso wenig würde er behaupten, dieses Publikum lasse nur schwer Neuerungen zu. Zadek alphabetisiert das Publikum.

Das Doppel von Ästhetik und Anästhetik wurde bereits erwähnt. Zum Wahrnehmen gehört immer das Nicht-Wahrnehmen. Zadek weiß, daß wir heute einem kulturellen Sperrfeuer ausgesetzt sind, das uns kaum zur Besinnung kommen läßt. Unser Alltag ist in ungeahntem Ausmaß ein Feld der Ästhetisierung geworden, das uns blind macht. Warum liest man aus der Zeile „MÜNCHEN WIRD MODERN" immer nur die selbstbewußte Fortschrittsparole heraus und nicht eine Fäulnisprophetie: „MODERN"?[182] Kultur-Pessimisten mögen behaupten, der Qualitäts-Pegel der Kunst allgemein falle, 'Brot und Spiele' seien angesagt, zu mehr komme der heutige Kultur-Betrieb nicht mehr.[183] „Kommunikationsverweigerung" nennt

Welsch die Wahrnehmungsprobleme.[184] Zadek arbeitet mit den Mitteln des Theaters daran. Indem er absurde Situationen auf der Bühne schafft, bricht er die Schranken auf zum Nicht-Wahrnehmbaren, zum Verdrängten.

Heute treibt noch ein, und zwar klassenloses 'Trio' die Leute ins Theater: das Repräsentationsbedürfnis, die Geselligkeit und die Gewohnheit. In näherer Zukunft wird's allemal ein 'Duo' sein, da die „Gewohnheit" wohl kaum in den Jüngeren schlummert, sie folglich nicht in die Theater locken kann; die kommende Zuschauer-Generation hat sich mit Recht nicht so schnell an den schlappen, mut- und einfallslosen Theaterapparat 'gewöhnt'. Die Funktion des Theaters, genauer: das, was der Zuschauer erwartet, läßt sich laut Gudrun Leisentritt in drei Kategorien einteilen:

1. die emotionale Komponente

2. die intellektuelle Komponente

3. die ästhetische Komponente[185]

Die Komponenten im einzelnen: Punkt 1 - Der Theaterbesucher will Spannung und Entspannung, darunter fallen die Begriffe „Anregung, Abwechslung, Ablenkung, Humor, Aufmunterung, Erfreuen, Erholung, Erbauung". Punkt 2 - Der Theaterbesucher will Bildung, Information, darunter fallen: „Nachdenken, Problemerörterung, Erfahrungsaustausch, Wirklichkeitsdarstellung, Agitationsstätte, Lebenshilfe". Punkt 3 - Der Theaterbesucher will Kunstgenuß, also „Schauspielkunst, klassische und moderne Stücke".[186] Von Wichtigkeit ist natürlich: Wieviel Prozent der Befragten betonten welchen Punkt? Leisentritts Zahlen:

Punkt 1 = 68,8 %

Punkt 2 = 27,9 %

Punkt 3 = 3,3 %[187]

Kurzum: Das Bedürfnis nach Unterhaltung hat einen hohen Stellenwert und ist allgemein menschlich. Das Verlangen nach Lustgewinn rsp. Unlustvermeidung ist nicht ausschließlich psychischer Natur. Vielmehr muß man hier das primär biologisch bedingte „basic human need to avoid suffering and to experience pleasurable gratification"[188] anerkennen.

Zadek will nicht belehren. Das wollte er nie. Kurt Hübner, Regisseur, Intendant und Zadek-Förderer[189] über Zadek: „Die Vorstellung, die für mich noch eine große Bedeutung hatte, nämlich das Publikum mit dem Mittel des Theaters ... zu einer neuen Haltung sowohl im moralischen wie auch im ästhetischen Sinne bringen zu können – die hat Peter Zadek von vornherein als Utopie bezeichnet."[190] Somit erfüllt Zadek einen großen Wunsch des von Gudrun Leisentritt befragten Boulevard-Publikums: Das Theater dürfe „nicht belehren".[191] Und daher erreicht Zadek die große Masse. Sein Theater läßt sich als demokratisches Element im elitären Kulturbetrieb verstehen.[192] Der Zuschauer geht bei Peter Zadek wie 'gewohnt' ins Schauspiel, angefangen von der Abendtoilette bis zum anschließenden Ausklingen des Abends im Weinlokal. Und doch passiert 'mittendrin', also im Theater plötzlich etwas neues, der Zuschauer erlebt anderes Theater (siehe die drei Brüche zuvor!). Der Zuschauer muß bei Zadek sehr scharf beobachten und genau zuhören, um die kleinen Vorkommnisse überhaupt wahrzunehmen. Und das bringt bei „Ab jetzt" Spaß. Ohne daß man es merkt, wird dabei aber die eigene Aktivität und Lust beim Zuschauen natürlich verstärkt, denn die Lust, ein Stück zu erobern, es zu „kapieren", ist immer größer als es einfach an der Rampe serviert zu bekommen. Bei „Ab jetzt" spielt – bekanntermaßen – eine andere Musik. Allein schon von der Dramaturgie her: Da ist keine Übertreibung, kein

Blinzeln über die Rampe, kein Kokettieren mit dem Publikum und der eigenen Beliebtheit.

„Warum und worüber wird gelacht", fragt Volker Klotz, „wenn da immerhin tiefsitzende Ängste des spätbürgerlichen Einzel- und Zusammenlebens Ereignis werden?"[193] Er gibt sich gleich selbst die Antwort: „Es sieht ganz danach aus, als verschaffe der Schwank dem Publikum Gelegenheit, über sich selbst zu lachen, ohne daß es schmerzt."[194] Klotz geht von einer „eigentümlichen Schwankkomik" aus[195] – auf Zadek und A.A. trifft das hingegen nicht zu. Denn das Lachen bleibt hier im Halse stecken. „Ab jetzt" ist eine düstere Beschreibung unserer Welt. Während der Zuschauer noch über den verklemmten Spaß lacht, erkennt er seine eigene Verklemmtheit (siehe das Thema Sex in „Ab jetzt"!). Der Zuschauer hat es bei Zadek mit einer neuen Dramatik zu tun, die ihn verunsichert, schockiert, weil er im Parkett plötzlich sagen kann: „Ach, so ist das!" Zadeks Theater 'zeigt auf': „Ich glaube nicht, daß man Leute überzeugen kann, aber man kann Sachen zeigen, und wenn man sie glaubhaft zeigt – nicht realistisch, sondern glaubhaft –, dann bewirken sie etwas."[196] Der Zuschauer bemerkt, daß die Welt immer wieder aus unlösbaren Gegensätzen besteht, und je mehr Zadek diese zeigt und beschreibt, genauer: sicht- und wahrnehmbar macht,

sie in Diskussionen oder eben „im Theater aufein-
anderprallen läßt, desto weniger brauchen Menschen deswegen zu kämpfen, desto weniger prallen sie in der Realität gegeneinander".[197] „Prallen"
also gleich schocken? Für Walter Benjamin haben
die Menschen das Bedürfnis, sich „Chockwirkungen auszusetzen", um mit den Gefahren im Leben
besser zurechtzukommen.[198] Zadek, der ja schok-
kieren will, muß hingegen dieses Bedürfnis erst
einmal wecken. Schließlich geht der Besucher des
Boulevard nicht ins Theater, um sich schockieren
zu lassen. Der will gutes Entertainment.

Zadek will modernes Theater, weil er die
Menschen mag und das Theater liebt:

„Die Voraussetzung zu einem solchen Theater, ...,
ist, ich bin sicher, Vertrauen in die schnelle Reaktion
des Zuschauers, wenn er merkt, daß eine Aufführung
wirklich etwas mit ihm zu tun hat. Damit meine ich
nicht Belehrung oder Lebensberatung, sondern die
Spiegelung, Beschreibung unserer Welt und unseres
Lebens auf die verschiedensten Arten."[199]

Wenn Neil Postman schreibt, die Menschen
„leiden nicht daran, daß sie lachen, statt nachzudenken, sondern daran, daß sie nicht wissen, worüber sie lachen und warum sie aufgehört haben,
nachzudenken",[200] hebt Zadek genau das auf. Der

Mensch denkt wieder nach. Das Nicht-Wahr-
nehmbare wird wieder wahrnehmbar.

Die emotionale Komponente ist, wie gesagt,
von großer Bedeutung beim Theaterbesuch. Zadek
geht darauf ein. Hinter seinen Forderungen nach
einem modernen Theater verbirgt sich nicht nur
das grundlegende – man muß es wohl so nennen –
pädagogisch-sozialreformerische Anliegen, Theater und Mensch wieder einander näherzubringen,
sondern auch die Überzeugung, daß sich Kunst als
etwas den Menschen im eigentlichen Sinne 'Be-
treffendes' nicht im unverbindlichen und exklusi-
ven Formenspiel erschöpfen darf. Es geht folglich
um die Neu- oder vielleicht sogar Rückbesinnung
auf eine Ästhetik der 'Betroffenheit', um – jetzt
folgt ein Zitat von 1967 – die „Berücksichtigung
der Emotion als einer Grundkraft des Menschen,
über die das Theater den Zuschauer packen
kann"[201].

„Ab jetzt" ist eine scharfe Gesellschaftsanaly-
se, und der Zuschauer hockt mittendrin. AIDS ist
genauso Thema wie Feminismus und Gewalt,
brutale Gangs und die alles beherrschende Video-
system-Überwachung. „Ab jetzt" könnte es so
werden, wenn man nicht aufpaßt. Wir sind von
solchen Zuständen nicht weit entfernt, wenn man
sich beispielsweise New Yorks Stadtteile anschaut

– wie oft folgt Europa den amerikanischen Entwicklungen. Auch hierzulande nimmt die Gewalt zu, und die Menschen treffen Sicherheitsvorkehrungen, schreien nach Bürgerwehren. Der Protagonist in „Ab jetzt" ist ein Musiker, der in seinem Versteck sein Meisterwerk komponiert, während alle Welt ums Überleben kämpft. Denn, so Alan Ayckbourn: „Am Ende wird man sich nur an die Künstler erinnern, bestimmt nicht an Premierminister. Der berühmteste Engländer ist Shakespeare."[202]

Zwischen dem Ereignis, ins Theater zu gehen, und dem darauffolgenden Besuch im Weinlokal fühlt sich der Zuschauer plötzlich provoziert. In der Inszenierung ist etwas für den Zuschauer Unerwartetes geschehen: Er muß sich entscheiden, was er denken soll. Das macht viele Leute ratlos, und bei anderen Zadek-Inszenierungen hat es sie sogar oft sauer gemacht. Also protestieren sie. Scheinbar protestieren sie dabei gegen einen penetranten Juden („Der Kaufmann von Venedig"), gegen eine bloße Brust („Verlorene Zeit"), gegen einen puren Po („ANDI"), gegen einen unbekleideten Unterleib einer Frau („Lulu") – Gottfried Helnweins nackte Litfaß-Fakten, von Zadek in Auftrag gegeben, schockten insbesondere die Elb-Hanseaten, München ließ die Plakate für das „Lulu"-Gastspiel gleich mit einem gelben Zettel überkleben. In Wirklichkeit aber protestiert das Publikum, ohne es selbst zu wissen, weil es in Unsicherheit darüber gelassen wird, was es denken soll. Genau darauf aber kommt es Zadek an: daß der Zuschauer sich bewußt dafür entscheidet, was er denkt. Um das zu erreichen, sind Peter Zadek viele Mittel recht. Für ein neues Theater. Ein modernes.

„Ich hab' einen Zadek gesehen" mag mancher „Ab jetzt"-Besucher nur gesagt haben. Aber was heißt hier nur?! Es zeigt doch, daß der Zuschauer in seinem Boulevard-Theater auf etwas neues gestoßen ist, daß seine Wahrnehmungs-Strukturen in Unordnung geraten sind, in diesem Fall sogar: daß sein Selbstwertgefühl gestiegen ist – „einen Zadek, der doch sonst nur an den Staatstheatern...". Zadek dazu: „Es geht ja nicht darum, daß die Staatstheater Boulevard machen, sondern darum, daß das Boulevardtheater wieder den richtigen [Hervorhebung vom Verf.] Stellenwert kriegt und seine Minderwertigkeitskomplexe ablegt."[203]

Summa summarum: Fragezeichen im Kopf, Sektglas in der Hand.

Betrachtungen

„Das Theater der Klassiker findet nur noch in ein paar Großstädten statt, museal gepflegt wie die No-Spiele in Japan, für Besucher aus den Entwicklungsländern. Für zeitgemäße Unterhaltung sorgen Stadtteilfeste und eine hochentwickelte Kneipenkultur. Das Restbedürfnis nach dialogischem Vergnügen, nach spielerischem Verhör, nach dieser Urform des Theaterdialogs, wird auch in fernster Zukunft auf dem Bildschirm durch Tatort, Talkshow und 'Was bin ich' befriedigt."[204]

Mit einem traurigen Unterton muß der sonst so gutgelaunte Theaterkritiker Hensel das feststellen. Vierzig Jahre beobachtet er nun schon das Bühnen-Leben zwischen Berlin und Wien, Zürich und Hamburg. Und man muß ihm wohl rechtgeben: das üppige Theaterfest ist aus. Die letzten zehn Jahre zeigen: Die Zeiten sind hart geworden für die Bühnen. Mit 'Theater ohne Tabus' könnten schlagwortartig und nicht minder kleinbürgerlich (was sind schon Tabus?) die Achtziger und der Beginn der Neunziger umschrieben werden, in denen die deutschen Staats-Bühnen im Kampf gegen das Fernsehen mit 'Sex und Gewalt' das

Publikum zurückerobern wollten. Aber das war mehr Lärm – um nichts. Imitation des Fernsehens. Blut auf bundesdeutschen Bühnen, splitternde Knochen, Frauen und ihre Vergewaltiger, entmannte Männer, ein deutliches Vokabular: „Fikken", „Schwänze", „Drecksau", „ausgeflippte Nutte" oder das harmlose „miese Arschloch" – Theater Mitte der Achtziger, ein Kaleidoskop nervöser und unsicherer Bühnen-Arbeit. Ob nun im Münchener Residenztheater, im Berliner Schloßparktheater oder in Hamburg. Heute regt das niemand mehr auf. Bei ganz anderen Wörtern zucken wir nicht einmal mehr die Wimper. 'Umgangston' auf den Brettern, was ist das? Und wenn es was ist, dann nur für die Leute von vorvorgestern. Das deutsche Sprechtheater, von Kritikern der Schlappheit bezichtigt und vom Publikum mit sinkender Anteilnahme verfolgt,[205] machte damals kräftig verkrampft mobil: Theater darf alles! Keinem „normal denkenden Menschen" käme die Idee, das zu bezweifeln. Doch hinter dem Zoten-Schwall und den sogenannten 'Obszönitäten', die uns die Theater-Macher vor- und aufführ(t)en, steckt indessen nur eins: Hilflosigkeit. „Zu den Degenerationserscheinungen gehören Wucherungen jeglicher Art", sagt Hensel. Die Kunst des Dialogs, diese eigentliche dramatische Kunst, gehe verloren, „und sie wird nicht wiedererobert, sondern verachtet".[206] Der FAZ-Kritiker schwingt hier nicht die bildungsbürgerliche Keule, und er ist auch kein konservativer Träumer, der irgendeine Bühnen-'Ordnung' erhalten will. Befragt man ihn, welche Ziele das Theater verfolgen solle, antwortet er: „'Spielen'„. Und zur Funktion, die das Theater erfülle: „'Wie alle Kunst: man wird mehr.'„[207] Georg Hensel schrieb in den bundesweit erscheinenden Zeitungen die einzige positive Kritik zu Zadeks „Ab jetzt"-Premiere. Zitat: „Der Regisseur Peter Zadek hat Alan Ayckbourn schon immer als Genius der intelligenten Unterhaltung gerühmt. Diese hohe Einschätzung bestätigt er durch seine Regie. Die beiden sind einander würdig."[208]

Im Zeitalter von Horror-Videos und Rambo-Manie ist auch der biederste Theater-Abonnent nicht mehr zu erschüttern mit 'Theater ohne Tabus'. Der will zuallererst sein Freizeitbedürfnis befriedigt sehen. Zadek, von Moden frei, will gut gemachte Unterhaltung, weil er den Aspekt des 'Ausgehens' ins Theater, der freizeittheoretisch äußerst relevant ist, nie unterschätzt hat. Populäres Theater heißt für ihn „alles von Shakespeare bis zu 'Verlorene Zeit'„[209] Als er 1984 das großbürgerliche 1400-Plätze-Theater an der Kirchenallee übernahm, mußte der frisch-gebackene Intendant auf ein von ihm formuliertes „Klassen-Problem"

117

stoßen. Zadek fordernd: „Wir wollen die Leute ohne Abitur, die immer noch die gewisse Schwellenangst haben, im Theater sehen – ohne die anderen zu vergraulen, natürlich."[210]

Hinter der Lust auf Unterhaltung stecken für Fernseh-Kenner Louis Bosshart – fein kategorisiert – „Kompensationen, Bedürfnisbefriedigungen und Selbstverwirklichung".[211] Bosshart analysiert hier zwar die Funktionen der TV-Unterhaltung, auf das Boulevard-Theater sind sie aber übertragbar. Wer gerne ins Boulevard-Theater geht, hat nicht nur eo ipso eine positive Einstellung dieser Bühne gegenüber, sondern erwartet, wie zu Hause vor dem Bildschirm, Amüsement. Jedoch, einen Unterschied gibt es in der Tat: das von Zadek angesprochene „Klassen-Problem". Wer geht denn schon gerne ins Theater? Auch Gudrun Leisentritt weist auf das Problem hin, wenn sie das Boulevard-Publikum beschreibt: „sozial angepaßte Gruppen, zum größten Teil aus der etablierten Mittelschicht".[212]

Auch wenn sich das Vergnügen unserem rationalen Bewußtsein entzieht, wie Ien Ang schreibt,[213] so wissen Soziologen doch immer Rat. Unterhaltung bietet, so sagen sie, eine Möglichkeit zur „Realitätsflucht in eine realitätsbezogene Ersatzwelt, die das alltägliche Leben des Publikums gleichermaßen porträtieren und an seinen schwachen Stellen kompensieren soll".[214] Die Frage nach der Kompensation durch Zerstreuung sei daher ein zentraler Aspekt in der Analyse der gesellschaftlichen Funktion der Massenmedien, heißt es an anderer Stelle.[215] Jedenfalls: Bewerten sollte man sie nicht. Es sei falsch, schreibt Bosshart, „von den Kompensationsbedürfnissen der Rezipienten mono-kausal auf strukturelle Mängel einer Gesellschaft" zurückzuschließen. Denn: „Es ist vielmehr ein Zeichen gesunder Gesellschaften, wenn ihre Mitglieder das kompensatorische Angebot der Fernseh-Unterhaltung produktiv zu nutzen wissen."[216] Nicht nur vorm Fernseher. Auch im Theater. Und da sollen die Leute wieder hin. Zadek zeigt, wie.

Zadek – schon immer anders als die anderen

Kurt Hübner, der mürrische Liebhaber der jungen Talente und einer der letzten großen Intendanten des deutschen Theaters, brach in den Jahren 1959 bis 1962 zusammen mit Peter Palitzsch am Ulmer Theater nicht nur den Brecht-Boykott. Der heute 75jährige Prinzipal der besten alten Schule konnte in dieser Zeit mit der „Geisel" von Brendan Behan den entfesselten, 'englischen Zirkusdirektor' Peter Zadek für das deutsche Theater gewinnen.

„Behans Die Geisel war, wie der Zufall es so wollte, zur Zeit des Baus der Berliner Mauer. Da gab es in Ulm einen furchtbaren Skandal bei der Premiere, weil der Rauch von der Bühne in den Zuschauerraum kam und die Zuschauer zu ersticken befürchteten. Aber sie waren mittlerweile auch so schon empört über die Aufführung, daß ihnen der Rauch, glaube ich, als Anlaß für einen Skandal reichte. Ich erinnere mich, daß Friedrich Luft bei der Premiere war [übrigens: eine positive Kritik, d.V.], aus dem Theater raste, von wütenden Ulmer Bürgern überfallen wurde und sich gerade noch in sein Auto retten konnte, um Ulm zu verlassen. [...]

Die Geisel finde ich wirklich ein geniales Stück, es hat die Vitalität und die Art von Poesie – gewagt ausgedrückt – von Shakespeare.“[217]

Die „Geisel“-Inszenierug erhielt 1962 den Schiller-Preis, wurde als 'die deutsche Aufführung des Jahres' gefeiert und vom Kritiker-Duo Wendt/ Rischbieter ein Jahr zuvor als „Herausforderung an das deutsche Theater“ anerkannt.[218]

Zadek war und ist brillant, er hatte [das Präsens gilt weiterhin] zahllose Einfälle, er warf sich mit ungeheurem Elan in jede Inszenierung. Er inszenierte, was sehr selten ist, als hätte vor ihm noch nie ein Regisseur das gleiche Stück herausgebracht. Man kann ihn und seine Ideen nicht mit dem Wort „originell“ abtun. Besuchte man eine seiner Vorstellungen, so wußte man nie, was kommen würde. Während Palitzsch klärend wirken wollte, Heyme emphatisch, Hollmann noch klarer zu machen wünschte, was ihm der Autor nicht genügend klar gemacht zu haben schien, interessierte sich Peter Zadek nur mit Maßen für den Dichter, der für ihn eine 'Vorlage' geschrieben hatte, mit der er machen konnte, was er wollte. Zadek wehrte sich schon sehr früh, nämlich 1964, gegen den Absolutheitsanspruch dem klassischen Werk gegenüber: „[...] ich kann nicht nüchtern über Krieg und über Diktatoren reden. Ich habe

Abscheu davor und denke, man kann das auf der Bühne nicht penetrant genug darstellen. Da ist mir jede Dichtung ... ich will nicht sagen egal – aber wichtiger ist mir die Auseinandersetzung mit dem Publikum."[219] 'Werk-Treue'? Nicht mit Zadek! Und auch nicht mit Kollegen wie Stein und Peymann.

Anfang der sechziger Jahre machte man sich daran, das Theater von den Traditionen des bürgerlichen, psychologischen Realismus der Fünfziger zu befreien. Keine leichte Sache, denn wie sollte der neue Realismus auf der Bühne aussehen? Die Theater-Reporter, die sich vornehm 'Kritiker' nennen – schließlich geht es auf der Bühne nicht um Unterhaltung à la Fußball, sondern um „übergeordnete Werte" mit der Aufgabe, „den im immer tieferen Kollektivismus versinkenden Menschen wieder zu individualisieren",[220] wie sie in jener Zeit einhellig meinten,– die Kritiker jedenfalls, sie hingen immer noch der moralinsauren Dienst-am-Werk-Ideologie an. 1961 schreibt Rischbieter in „Theater heute", gerade ein Jahr auf dem Zeitschriften-Markt: „Realismus heißt: Wahrheit auf dem Theater, heißt: Stilisierung nicht als effektvolle Amputation der Wirklichkeit, sondern als Zusammenziehung, Intensivierung, so daß aus ihr im Stil Wahrheit aufsteigt."[221] Zadek, der den Dialog mit dem Publikum suchte, lehnte die werkimmanente Ästhetik rigoros ab. Spricht man bei Zadek von Ästhetik, so ist damit einzig und allein die Wirkungs-Ästhetik seiner Inszenierung zum Zuschauer hin gemeint. Es findet also ein Normen-Wechsel statt: die auf den Austausch mit dem Publikum ausgerichtete Wirkungs-Ästhetik löst die werkimmanente ab. „Wir sind am Verdörren", sagt Zadek, „das Publikum kommt nicht auf seine Kosten."[222] Daher „sollten wir mit der Unterspielung, dem 'ästhetischen Realismus' und der so leicht herstellbaren Unterkühlung und Verfremdung als Methode aufhören".[223] Doch selbst sieben Jahre später muß er immer noch feststellen: „Unsere Theaterästhetik ist verstaubt, sie gehört ins neunzehnte Jahrhundert."[224] Und überhaupt: was heiße schon Realismus? Immer wieder werde vom Theater erwartet, „daß es Literatur verkauft und Realität nachahmt, daß es der berühmte Spiegel zu irgend etwas ist. Ich glaube nicht, daß Theater ein Spiegel ist."[225] Vom Theater verlangt Zadek zwei Dinge: Qualität und Phantasie. Für das letztgenannte komme es darauf an, „eine Form zu finden und diese Form so klar und deutlich wie möglich dem Publikum gegenüberzustellen".[226] Der Traditions-Zerstörer Zadek kann, von Moden und einem ungleichzeitigen Kulturbegriff frei, den einige noch und nicht nur vom Theater haben, frisch-frech und manchmal auch rigoros sein

Theater praktizieren, das auch Dallas-Fans anlockt. Sein Theater hört auf, eine höfliche Angelegenheit zu sein. Eine althergebrachte Bühnen-Ästhetik kann nur untauglich sein für Peter Zadek. „Die Leute werden immer mehr Zeit haben und überlaufen von unendlich vielen, teils schwachsinnigen Medienereignissen. Aber es gibt nur eine Sache, die immer wieder direkt mit Menschen und Begegnung zu tun hat: Das Theater. Umso verwirrender die Medien werden, umso wichtiger wird unsere Funktion. Daß Menschen auf der Bühne für andere Menschen was machen, scheint mir die Basis zu sein."[227] Und da die Menschen nicht nur verwirrt werden, sondern stumpf, sprich: anästhesiert, räumt er in der „Ab jetzt"-Inszenierung so herrlich absurd-verzerrend mit der „verstaubten Ästhetik" und ihrem Denken auf. „Das Theater imitiert das Leben", sagt er.[228] Und zwar das heutige.[229]

Die Auseinandersetzung um Klassiker-Inszenierungen war zu Beginn der Sechziger wichtig. Es war der Anspruch, Theaterarbeit an Wirklichkeit zu binden. Doch Zadek ging weiter. Er wollte kein Theater von morgen machen. Er wollte Theater von übermorgen.

Was steckt hinter der Forderung, „treu" sein zu müssen beim Umgang mit Klassikern? Was bedeutet da „Werktreue"? Ernst Wendt kennt die Antwort: „Es heißt die Aufforderung zur Lüge, zur Verkleisterung der Widersprüche."[230] Die fünfziger Jahre, „die ein modischer Abhub der Nazi-Kultur waren: idealistische Abstraktionen, sogenannte 'Kochplatten', welche die grassierende abstrakte Kunst als Ausrede für die Suche nach dem eigenen Persilschein benutzten",[231] – interpretierten nicht, sondern exekutierten die Klassiker: der fallende Vorhang deckte einen verstümmelten Leichnam. Es war mithin an der Zeit, das Theater als Institution zu überprüfen. Bis in die Mitte der sechziger Jahre versuchten die jungen Regisseure, den entleerten glatten Begriff von Klassik mit einer neuen Aufklärungstradition und eben 'Wirklichkeit' zu verbinden. Der Zuschauer sollte wieder nachdenken. Die Konvention, die alles Klassische als vollendet hinnimmt, mußte somit beim Publikum verschwinden. Klassikertod? Was die Rezeption angeht, bestimmt! Die Bühne ist gefräßig. Das wußte schon 1929 Herbert Ihering, Alfred Kerrs großer Gegenspieler. Die Bühne habe die Klassiker durch ewige Wiederholungen abgenutzt. „Es wäre vermessen zu sagen, große klassische Bühnendichtungen verlören an Wert. Der Wert bleibt. Als Literatur, als Lektüre für den einzelnen, als geistiges Denkmal, als Werk. Aber an das Gemeinschaftsgefühl tausender

von Zuschauern rührt es heute nicht."[232] Ach ja –
die Literatur, die hohe! Um sie zu erleben, ging
ein großer Teil des Publikums ins Theater. Auch
heute ist das wohl noch so. Friedrich Dürrenmatt
machte sich darüber lustig. 1954 schrieb der fin-
stere Komödien-Dramatiker: „Das Publikum
strömt zu den Klassikern, ob sie nun gut oder
schlecht gespielt werden, der Beifall ist gewiß, ja,
Pflicht des Gebildeten, und man ist auf eine legi-
time Weise der Nötigung enthoben, nachzudenken
und ein anderes Urteil zu fällen als das, welches
die Schule einem einpaukte."[233]

Die Theatermacher wollten weg von der mu-
sealen 'Werkpflege', die Bühne befreien von den
Fesseln der Bildung und Literatur. „Kein 'Stil',,
sollte der Inszenierung von Klassikern zugrunde
liegen, fordert Zadek Mitte der Sechziger, auch
„keine Theorie, keine bewußte ästhetische Haltung."[234] Denn wer hatte schließlich bis dahin das
Theater in Westdeutschland seit 1945 geprägt?
Ein paar Namen: Gustaf Gründgens, Jürgen
Fehling, Heinz Hilpert, Oskar Fritz Schuh, Lothar
Müthel, um nur einige zu nennen. Also: Alles
Regisseure und Theaterleiter, die nicht in der
Emigration gewesen waren, als Hitler und seine
paramilitärische Organisation, die SA, die Bühnen
umorganisierten. „Alle hatten sie im Dritten Reich
an wichtigen Stellen gearbeitet ... . Da sie gleich

nach Kriegsende wieder zu arbeiten begannen, führten sie ihre Theaterarbeit ohne Bruch weiter", schreibt Günther Rühle.[235] Es war unkritisches Theater, es mied die Auseinandersetzung mit gesellschaftlichen Sachverhalten, auf den gemeinsamen festlichen Akt war es angelegt. Einfühlung, Zustimmung und Bestätigung standen ganz oben. Den „affirmativen Begriff" von Theater habe die westdeutsche Nachkriegsgesellschaft „von diesen Regisseuren" bezogen.[236] Man hat damals aus den Klassikern Konsum-Theater gemacht. 1986 muß Zadeks jüngerer Kollege, Jürgen Flimm, auf einer Presse-Konferenz feststellen: „Zadek ist eigentlich derjenige, der aus dem deutschen Theater die faschistische Ästhetik weggefegt hat."[237]

Das Theater sei nicht tauglich für ein politisches Thema, hieß es noch 1961 von konservativer Seite.[238] Man sollte sich wundern. „Die Unruhe in der westdeutschen Gesellschaft Mitte der sechziger Jahre, angefacht durch Aktionen linksorientierter Gruppen im politischen und akademischen Raum", bemerkt Ferdinand Piedmont, „hat im Bereich des Theaters zu teilweise erheblichen Umstrukturierungen ... geführt."[239] Was war geschehen? In Westdeutschland stellte eine junge Generation von Dramatikern unangenehme Fragen: Was ist mit der nationalsozialistischen Vergangenheit bei uns? Was mit den Verbrechen, was ist die Schuld der Väter, was hat, zum Beispiel, der Papst gegen Hitler getan? Sie fragen außerdem, da auch die Atom-Diskussion ihren ersten Höhepunkt erreicht: „Braucht die Welt zur Ausbalancierung des Gleichgewichts den Atom-Verrat? Was ist die Rolle der Wissenschaft in der drohenden Weltvernichtung?"[240] Die fragenden Autoren hießen: Martin Walser, Heinar Kipphardt, Rolf Hochhuth und Peter Weiss. Und Peter Zadek? Er zeigt 1965 einen Masturbations-Akt in Wedekinds „Frühlings Erwachen"[241] auf der Bühne. Die Onanie-Szene wurde natürlich als empörende Schweinerei angesehen, obwohl von Wedekind selbst geschrieben. „Alles, was nackt war, jede frivole Bemerkung, wurde als eine Familienwerte zerstörende Angelegenheit angesehen. Wir schockierten immer – die Öffentlichkeit war dauernd beleidigt."[242] Zadek dazu: „Es gibt Tabus in der Gesellschaft, es gibt gewisse Dinge, über die man lieber nicht redet oder lieber nicht auf eine gewisse Weise redet. Die Tabus haben sehr oft mit Erotik zu tun und noch stärker vielleicht mit Sexualität. Sie haben mit Religion zu tun, aber dann auch mit allerhand Dingen, die ganz erstaunlich für mich sind, zum Beispiel mit Sprache."[243] Die bei Klassikern immer mehr immanent-kritische Aufführungsmethode, „die sowohl dem Stück als auch der historischen Distanz des modernen Betrachters

... gerecht zu werden versuchte",[244] wollte Zadek nicht so recht trauen, denn das roch nach intellektuellem Theater, was er bekanntermaßen nicht mag. „Überintellektualisiertheit" heißt für ihn „Angst nicht nur vor Gefühlen sondern auch vor Fleisch und Blut."[245]

Als Peter Stein im Juli 1968 in den Münchener Kammerspielen nach einer Aufführung des „Vietnam Diskurs" von Peter Weiss Geld für den Vietcong sammeln ließ, der Intendant August Everding daraufhin den Rausschmiß veranlaßte und Chefdramaturg Ivan Nagel Stein beredt abriet, den „Tasso" unter dem brandaktuellen Aspekt „Die Stellung des Künstlers innerhalb der Gesellschaft" zu inszenieren, griff wiederum Kurt Hübner ein. Er hatte schnell den jungen Regisseur in seine Bremer Mannschaft aufgenommen. Mit Peter Steins „Torquato Tasso" kam, aufgewühlt durch die Studentenbewegung, eine politische Dimension in das Bremer Theater, ein Mißtrauen, ein Hinterfragen, ein Offenlegen der Machtstrukturen, auch ein Opponieren, mit der inhaltliche und ästhetische Maßstäbe für das Theater der siebziger Jahre gesetzt wurden und die zuweil bis heute noch immer verpflichtend sind.

Als die Alten begannen abzutreten: Gründgens 1962, Piscator 1966, Buckwitz 1968, Kortner stirbt 1970, kamen nicht nur schnell die jungen Neuen, wie Zadek, Stein und Heyme, – es kamen auch die unterschiedlichsten Ansätze in den Klassiker-Inszenierungen auf die Bretter. Zadek wurde schnell die „wahre Antipode" zu Stein.[246] „Zadek [...] weiß, daß das Leben eine Art Zirkus ist und er zeigt es so. Er ist nicht anfällig für Ideologien, er hat keine politischen Zielsetzungen, nur einen unbändigen Affront gegen Langeweile im Theater."[247] Und die Unterschiede also, insbesondere in der Bühnen-Ästhetik, wie sahen sie aus? Joachim Hintze macht neben dem Kortnerschen Klassikerstil drei „dominierende" Ansätze aus:[248]

1. Die subjektivistische und formalistische Aktualisierung der Klassiker im Sinne einer ästhetischen Provokation.

2. Die Umfunktionierung der Klassiker zu Instrumenten politischer Aufklärung und Agitation.

3. Die immanente Kritik an den Klassikern zur Demonstration der Unzulänglichkeiten bürgerlicher Ästhetik.[249]

Es ist nicht schwer zu erraten, welcher Theater-Mann welchen Punkt vertritt: 1. Peter Zadek; 2. Hansgünther Heyme; 3. Peter Stein. „Wir haben kein intellektuelles, sondern ein sehr direktes Theater gemacht", resümiert Zadek.[250] Seine „ästhetische Provokation" zerstörte schockartig die Publikumserwartungen, „um den Traditionalismus der Sehgewohnheiten und die Konventionalität der Vorstellungsinhalte durch szenische Eigenwilligkeiten bloßzustellen".[251] Eine mögliche Verbindung von Kunst (Ästhetik) und Politik war ihm egal. Brechts Theater sollte nicht rühren, sondern nachdenklich stimmen. Also genau das Gegenteil dessen, was Aristoteles verlangt hatte. Mit-Leiden? Um Gottes willen! Die Menschen sollten dazu gebracht werden zu denken.[252] Und wie hindert man den Menschen daran, mitzufühlen und statt dessen nachzudenken? Durch das, was durch Brechts theoretische Schriften als V-Effekt geistert: durch den Verfremdungs-Effekt. Im Gegensatz zu dieser subtilen Methode, gesellschaftliche Widersprüche in den Stücken dem Zuschauer rational einsichtig zu machen, hat Zadek den „A-Effekt": den Artifiziellen-Effekt. Einsichten werden hier nicht vermittelt. Und doch kommt bei Zadek noch der provokative Schock hinzu, auf den er setzt, um die Barriere zwischen Bühne und Parkett zu sprengen.

„Wenn ich einen Menschen in irgendeiner Weise provoziere, ob ich es beabsichtige oder nicht, kann seine eigene Haltung nur gestärkt werden. Eine Provo-

kation kann die Haltung eines Menschen nie abschwä-
chen, ..., außer es handelt sich wirklich um einen sehr
naiven oder schwachen Menschen, und ich kann mich
im Theater nicht von vornherein so verhalten, als ob
ich in einem Hospital spielte. Verletzt kann eigentlich
nur die Eitelkeit der Menschen werden, besonders die
Eitelkeit der verschiedenen Klubmitglieder, ob Bun-
deswehrklub, Spießerklub, Kirchenklub oder nur der
Klub traurig verheirateter Ehemänner.“[253]

Ein Regisseur, der genau weiß, was er will, hat
meist – nicht immer – auch die Autorität, dies
seinen Schauspielern klarzumachen. Und ein
Schauspieler, der seine Rolle begreift, braucht
nicht unbedingt über die gesellschaftskritischen
Voraussetzungen dieser Rolle belehrt zu werden,
um „richtig“ zu spielen. Ende der sechziger, Anfang der siebziger Jahre sollte alles anders sein:
das sogenannte „Kollektiv-Theater“ stand jetzt
hoch im Kurs. Man wollte diskutieren und die
alten autoritären Strukturen im Theater beseitigen.
Eine Revolution im administrativen Bereich des
Theaters also. Besonders Brecht-Schüler Peter
Palitzsch wollte nicht mehr „Dompteur sein, der
die Tiger durch den Reifen springen läßt“. Denn:
„Zwischen Schauspieler und Regisseur muß natürlich ein dialektisches Verhältnis bestehen.“[254]
Auch hier ist Zadek wieder ganz anders: „Als
Palitzsch nach Frankfurt ging, institutionalisierte

er die Mitbestimmung, die eigentlich schon sehr stark vorhanden war in Stuttgart. Palitzsch glaubte wirklich daran, daß nur so ein demokratisches Theater zustande kommen könnte. Er mag recht haben, was das demokratische Theater angeht. Nur Theater ist, glaube ich, gar kein demokratischer Vorgang."[255] Zadek, der bei einem Hearing in Kassel 1972 rausgeflogen war, weil er die Frage, ob er an Mitbestimmung im Theater glaube, mit „Nein" beantwortete, beschreibt den Beruf des Regisseurs so: „Entweder hat dieser Mensch, ..., die Möglichkeit, Leute mitzureißen und Leute zu interessieren, und die Intelligenz, ihnen Dinge klarzumachen und den Humor, sich mit ihnen auseinandersetzen zu können, ohne zusammenzubrechen oder beleidigt zu sein, oder er hat sie nicht, und wenn er sie nicht hat, dann ist es egal, ob irgendwelche Mitbestimmungsrechte ein- oder ausgeräumt werden, weil: es funktioniert ganz bestimmt sowieso nicht, kann es gar nicht."[256]

Wenn Günther Rühle als Analytiker der Theaterszene die sechziger und siebziger Jahre wie folgt zusammenfaßt, muß man ihm wohl allgemein recht geben: „Das Theater verstand sich als ein aufstörendes, dann aufklärerisches, schließlich wieder als emanzipatorisches Instrument. Die damals irritierende Vokabel, die Brecht in das Theater der fünfziger Jahre wie einen Langzeitzünder hineingeworfen hatte, die Vokabel: Veränderung der Gesellschaft, wurde nun landläufig, kam in vieler Theaterleute Mund und in die Programmhefte.“[257] Nur nicht in Zadeks Mund. In seinem Film „Ich bin ein Elefant Madame" rechnete er mit dem Bremer-Erlebnis, mit dem Einbruch der Studentenbewegung und der neuen Linken hitzig ab, „die ein Klima schafften, das unser Bremer Theater nicht mehr intakt ließ". „Die aufopfernde Begeisterung mit der alle – nicht nur Kurt Hübner, Wilfried Minks und ich – dort arbeiteten, wurde gestört durch politische Schulung von Peter Stein und durch politische Hysterie und die Ausnützung von politischen Situationen von den unschöpferischsten Mitarbeitern (wie der Schauspieler und Regisseur Rolf Becker), um sich selber in den Vordergrund zu manipulieren."[258] Das schrieb Zadek 1972. Dreizehn Jahre später mag er den Peter Stein immer noch nicht: „Ein Oberlehrer für die Berliner Spießer."[259]

134

Epilog

Peter Zadek irritiert, provoziert und schokkiert. Das Unerwartete in seinen Inszenierungen zwingt das Publikum, sich bewußt dafür zu entscheiden, was es denkt. Anti-bürgerliches, anti-elitäres und anti-langweiliges Theater macht der Regisseur, um es lebendig zu halten, um es zu retten. Seine Theater-Ästhetik macht vor dem Boulevard nicht halt, darf es auch gar nicht, denn Zadek will das Massen-Publikum. „Theater ist Kommunikation zwischen Publikum und Schauspielern, Kontakt, Berührung, Spannung, gemeinsames Erlebnis, gemeinsame Reise ins Ungewisse."[260] Das klingt so selbstverständlich, und doch ruft es nörgelnde Kultur-Kritiker auf den Plan, weil Zadek dabei unterhält. Unterhaltung aber ist nichts für Leute, die ihre Sinnlichkeit unterdrükken, die vorurteilsvoll das Theater der Massen und somit die Massenkultur ablehnen. Scheinbar unverrückbare Normen des Ästhetischen, derer sie sich bedienen, verhindern eine Analyse der Unterhaltung. Stattdessen wird sofort negiert. Ästhetische Differenzierungen, die ausschließlich Prädikate wie 'gut' und 'schlecht' kennen, sind aber unbrauchbar geworden. Genauso unsinnig ist es, der

Unterhaltung als Antithese Information gegenüberzustellen. Es liegt hier kein echtes Gegensatz-
paar vor. Ein „deutsches Scheingefecht" nennt es
der Volkskundler Bausinger, „in dem sich seit
mindestens ein bis zwei Jahrhunderten Bildung
und Unterhaltung mehr oder weniger feindselig
gegenüberstehen". Und weiter:

„Bildung bringt so etwas wie höhere Weihen mit
sich, und vom deutschen Begriff der Bildung könnte
man dasselbe sagen, was man vom deutschen Begriff
der Kultur gesagt hat, daß ihm nämlich seelenhaftes
Pathos innewohne. Bildung, das ist eine ernste Angelegenheit, das gehört zum Komplott der dunklen Anzüge.
Bildung – das kommt auf Stelzen daher ... In den gleichen Zusammenhang gehört es, daß Wissenschaft hierzulande etwas pausenlos Ernstes ist. In der Humorlo-
sigkeit verbinden sich das Establishment und die Prote-
stierer."[261]

Das bedeutet: Wenn die ästhetische Wertung
nicht durch eine funktionale Betrachtung ergänzt
und damit auch relativiert wird, ist sie unbrauchbar für eine moderne Theaterwissenschaft.

Wir sind ständig einem Wandel in der Wirk-
lichkeits-Wahrnehmung ausgesetzt. Heutige Wirklichkeit, schreibt Welsch, sei bereits wesentlich
über Wahrnehmungsprozesse, vor allem über Pro-

zesse medialer Wahrnehmung konstituiert.[262] Der Zukunftsschwank „Ab jetzt" zeigt diese Welt: Der Mensch holt sich per Video-Monitor die vermeintliche Wirklichkeit ins Haus. Doch wie im Dialog immer etwas offen bleibt, so greifen auch in der Wahrnehmung gemeinte und gegebene Wirklichkeit nicht fugenlos ineinander. Die Assimilation von Mensch und Technik – ein anderer und wichtiger Punkt – führt Zadek mit seiner Inszenierung ad absurdum. Die Maschine hat den Menschen überholt! Glaubte man noch früher, daß sich aus dieser Assimilation produktive Möglichkeiten schöpfen ließen, so stolpert der 'Künstler' Jerome hilflos durch eine Welt des ästhetischen Scheins. Der Zuschauer mittendrin. Durch die Schema-Brüche gelingt es Zadek, Unterscheidungsfähigkeit zu bewahren. Und das bei einem Konsumprodukt, wie es das Boulevard-Theater nun einmal ist. Die gesendeten 'Botschaften', genauer: das, was „Ab jetzt" aufzeigt – Anti-Künstler-Genie, Roboter, feministische Bürgerwehr, Sexualität – vermag der Zuschauer, in positive Anreize aufzulösen. Verzerrungen auf der Bühne, Spiegelungen und ähnliches bedeuten indes gar keine Sinnestäuschung, denn wir beziehen ohne weiteres die Wahrnehmungsumstände mit ein, und sie lassen in solchen Fällen genau das erwarten, was wir sehen. Auch Illusionen haben es mit einer allgemeinen zugänglichen Wirklichkeit zu tun, sie sind erzeugbar und – darauf kommt es an – aber auch unter Umständen vermeidbar.

Natürlich ist Zadek nicht nur der Entertainer für die Kneipenbesucher, sondern der Theater-Star für das Bildungsbürgertum. Das lockte er durch seine „Ab jetzt"-Inszenierung sogar ins Privat-Theater. Jenes will beim Magier Zadek, der nicht nur eine untrügliche Witterung für Wahrnehmungen hat, sondern auch für die trivialen Aspekte, Wunder erleben, sich überraschen lassen und alle Erwartungen enttäuscht sehen. Da Peter Zadek es in der Tat vermag, Theater für alle zu machen, revolutioniert er das Theater. Und was man unter einer Theater-Revolution zu verstehen hat, ist klar: Doch wohl eine Art, Theater zu spielen, wie sie bis zu einem bestimmten Punkt nicht für möglich gehalten wurde, sei es, weil man sie für wirkungslos, sei es, weil man sie für sinnlos, für politisch, moralisch und geschmacklich unerträglich hielt. Kurz, eine Theater-Revolution ist der gelungene Versuch, etwas durchzusetzen, von dem man glaubt, es sei ohne Wirkung auf die Zuschauer, von dem sich aber herausstellt, daß die Wirkung nicht ausbleibt, ja, sich oft zu Ausmaßen steigert, die man vordem auf dem Theater nicht erlebt hat. Denn Theater hat mit Menschen zu tun – mit Menschen als Zuschauern, mit Menschen als Dar-

138

stellern, als Autoren, als Regisseuren. Und da Menschen sich verändern, verändert sich alles um sie.

Literaturverzeichnis

Primärliteratur und Bildmaterial

Ayckbourn, Alan: Ab jetzt, Komödie Winterhuder Fährhaus (Hrsg.), Hamburg: Programmheft, Spielzeit 1989/90.

Ayckbourn, Alan: Ab jetzt, übers. von Corinna Brocher und Peter Zadek, Reinbek bei Hamburg 1989.

Ayckbourn, Alan: Ab jetzt, Videoaufzeichnug der Komödie Winterhuder Fährhaus, Hamburg, zur Inszenierung, Regie: Peter Zadek.

Ayckbourn, Alan: Henceforward..., London 1988.

Sekundärliteratur

Adorno, Theodor W.: Ästhetische Theorie, in: Gesammelte Schriften, hrsg. v. Rolf Tiedemann, Bd. 7, Frankfurt am Main 1970.

Adorno, Theodor W.: Einleitung in die Musiksoziologie, in: Gesammelte Schriften, hrsg. v. Rolf Tiedemann, Bd. 14, Frankfurt am Main 1973.

Adorno, Theodor W.: Fernsehen als Ideologie, in: Eingriffe. Neun kritische Modelle, Frankfurt am Main 1963.

Ang, Ien: Das Gefühl Dallas. Zur Produktion des Trivialen, Bielefeld 1986.

Arvin, Neil C.: Eugène Scribe and the French Theatre 1815-1860, New York 1967.

Aust, Hugo u.a.: Volksstück. Vom Hanswurstspiel zum sozialen Drama der Gegenwart, hrsg. v. Jürgen Hein, München 1989.

Ayckbourn, Alan: „... aber wir alle kommen in den Himmel", Gespräch mit Alan Ayckbourn, in: Theater 1987, Das Jahrbuch der Zeitschrift „Theater heute", Berlin/Zürich 1987.

Ayckbourn, Alan: Boulevard des Bösen, Gespräch mit Alan Ayckbourn, in: Theater heute, Berlin/Zürich, Heft 12, Dezember 1987.

Ayckbourn, Alan: Der Zwiespalt von Leben und Kunst, Gespräch mit Alan Ayckbourn, in: Theater heute, Heft 5, Mai 1989.

Bartsch, Uta: Alan Ayckbourns Dramenfiguren. Charakterisierung und Charakteristika, Diss., Hildesheim u.a. 1986.

Bausinger, Hermann: Deutsches Scheingefecht, in: Börsenblatt für den deutschen Buchhandel, Frankfurter Ausgabe, 14. Jg., Juni 1968, H. 50.

Bausinger, Hermann: Formen der Volkspoesie. Grundlagen der Germanistik, Berlin 1968.

Beauvoir, Simone de: Das andere Geschlecht. Sitte und Sexus der Frau, Hamburg 1951.

von Becker, Peter: Der berühmte Unbekannte – ein Molière der Middleclass? Alan Ayckbourn und seine jüngsten Stücke gehören nicht mehr auf den Boulevard, in: Theater 1987, Jahrbuch der Zeitschrift „Theater heute", Berlin/Zürich 1987.

Benjamin, Walter: Gesammelte Schriften, hg. von Rolf Tiedemann, Hermann Schweppenhäuser u.a., Bd. 1, Frankfurt am Main 1972.

Bosshart, Louis: Dynamik der Fernseh-Unterhaltung. Eine kommunikationswissenschaftliche Analyse und Synthese, Freiburg Schweiz 1979.

Brauneck, Manfred und Gérard Schneilin (Hrsg.): Theater Lexikon. Begriffe und Epochen, Bühnen und Ensembles, Reinbek bei Hamburg 1986.

Brecht, Bertolt: Archivmappe, 49. Blatt 08, in: Rülik-ke-Weiler, Die Dramaturgie Brechts, Berlin DDR 1968.

Brecht, Bertolt: Das epische Theater, in: Brecht, Die Stücke von Bertolt Brecht in einem Band, Frankfurt am Main 1978.

Briefe an den Verfasser:

    Brocher, Corinna, Hamburg, den 15.06.1992.

    Lothar, Susanne, Hamburg, den 17.08.1992.

    Zadek, Peter, Berlin, den 30.04.1992.

Canaris, Volker: Peter Zadek. Der Theatermann und Filmemacher, München 1979.

Dürrenmatt, Friedrich: Ich bin der finsterste Komödienschreiber, den es gibt, Gespräch mit Friedrich Dürrenmatt, in: Fritz J. Raddatz, ZEIT-Gespräche, Dialoge mit Günther Anders, Raymond Aron u.a., Frankfurt am Main 1986.

Dürrenmatt, Friedrich: Theaterprobleme 1954, in: Theater 1991, Das Jahrbuch der Zeitschrift „Theater heute", Berlin/Zürich 1991.

Eco, Umberto: Apokalyptiker und Integrierte. Zur kritischen Kritik der Massenkultur, Frankfurt am Main 1984.

Eco, Umberto: Streit der Interpretationen, Konstanz 1987.

Fiebach, Joachim: Von Craig zu Brecht – Studien zu Künstlertheorien in der ersten Hälfte des 20. Jahrhunderts, Berlin/DDR 1975.

Greiner, Martin: Die Entstehung der modernen Unterhaltungsliteratur. Studien zum Trivialroman des 18. Jahrhunderts, Reinbek 1974.

Greiner, Ulrich: Beethoven. Roll over Beethoven. Roller skating mit Beethoven, in: DIE ZEIT, Hamburg vom 18.04.1986.

Haida, Peter: Komödie um 1900. Wandlungen des Gattungsschemas von Hauptmann bis Sternheim, München 1973.

Henrichs, Benjamin: Der Boulevard ist depressiv, in: DIE ZEIT, Hamburg, Nr. 24 vom 8.06.1979.

Hensel, Georg: Das ist die Liebe der Maschinen. Peter Zadek auf dem Boulevard: er inszeniert Ayckbourn am Kurfürstendamm, in: FAZ, Frankfurt vom 18.03.1989.

Hensel, Georg: Spiel's nocht einmal. Das Theater der achtziger Jahre, Frankfurt am Main 1991.

Hintze, Joachim: Ansätze zu einer neuen Klassikerrezeption auf dem Theater der Bundesrepublik. Ein Beitrag zur Geschichte und Gegenwart des Klassikerbildes in Deutschland, in: Holger Sandig (Hrsg.); Klassiker heute, München 1972.

Holzer; Horst: Illustrierte und Gesellschaft, Freiburg 1967.

Holzer, Horst: Kommunikationssoziologie, Reinbek bei Hamburg 1973.

Horkheimer, Max u. Theodor W. Adorno: Dialektik der Aufklärung. Philosophische Fragmente, Frankfurt am Main 1969.

Hübner, Kurt: Man merkt jetzt, daß er sehr weit von Moden entfernt inszeniert hat, Gespräch mit Kurt Hübner, in: Mechthild Lange, Peter Zadek, Frankfurt am Main 1989.

Iden, Peter: Bums unterm Baum. „Schöne Bescherungen": der Theater-Ausrutscher des Jahres, in: Frankfurter Rundschau, Frankfurt, Nr. 295 vom 21.12.1987.

Ihering, Herbert: Reinhardt, Jessner, Piscator oder Klassikertod? (1929), in: Ihering, Der Kampf um das Theater und andere Streitschriften, 1918 bis 1933, Berlin 1974.

Killy, Walther: Deutscher Kitsch. Ein Versuch mit Beispielen, Göttingen 1961.

Kindermann, Heinz: Die Funktion des Publikums im Theater, Wien 1971.

Klotz, Volker: Bürgerliches Lachtheater. Komödie – Posse - Schwank - Operette, München 1980.

Köhler, Franz-Heinz: Schauspielbesuch in absoluten Zahlen. Zur Statistik-Debatte, in: Bühne und Parkett. Theater-Journal, Volksbühnen-Spiegel, hrsg. vom Bundesverband der deutschen Volksbühnen-Vereine e.V., Berlin, Heft 1, Januar/Februar 1984.

Lange, Mechthild: Peter Zadek, Frankfurt am Main 1989.

Laube, Horst: Schriften über das Theater, Berlin 1959.

Leisentritt, Gudrun: Das eindimensionale Theater. Beitrag zur Soziologie des Boulevardtheaters, Diss. München 1979.

Lenz, Jakob Michael Reinhold: Anmerkungen übers Theater, in: Lenz, Werke in einem Band, hrsg. v. Helmut Richter, Berlin und Weimar, 2. Auflage 1975.

Literaturwissenschaftliches Wörterbuch für Romanisten, hg. v. Rainer Hess, Mireille Frauenrath, Gustav Siebmann u.a., 3. v. neu bearb. u. erw. Aufl., Tübingen 1989.

Löffler, Sigrid: Schreckensvision, Zukunftsschwank, in: Theater heute, Berlin/Zürich Ausgabe 5, Mai 1989.

Luft, Friedrich: Müssen wir lachen?, in: Die Welt, Berlin, Nr. 93 vom 22.04.1976.

Matussek, Matthias: Zadeks bitterböser Boulevard, in: DER SPIEGEL, Hamburg Nr. 12 vom 20.03.1989.

Mendelsohn, Harold: Mass Entertainment, New Haven 1966.

Negt, Oskar u. Alexander Kluge: Öffentlichkeit und Erfahrung. Zur Organisationsanalyse von bürgerlicher und proletarischer Öffentlichkeit, Frankfurt am Main 1972.

Palitzsch, Peter: Mit der Kunst den Bären reizen, Gespräch mit Peter Palitzsch, in: Die Welt, Berlin vom 15.01.1969.

Piedmont, Ferdinand: Tendenzen moderner Schiller-Aufführungen 1965-1975, in: Jahrbuch der deutschen Schillergesellschaft, Bd. 21, 1977.

Plocher, Hanspeter: Ce peuple intelligent – cette masse inerte. Zur Gestalt des Publikums bei Volkstheater und Avantgarde, in: Konrad Schoell (Hrsg.), Avantgardetheater und Volkstheater. Studien zu Drama und Theater des 20. Jahrhunderts in der Romania, Frankfurt am Main 1982.

Postman, Neil: Wir amüsieren uns zu Tode. Urteilsbildung im Zeitalter der Unterhaltungsindustrie, Frankfurt am Main 1985.

Prang, Helmut: Die Geschichte des Lustspiels. Von der Antike bis zur Gegenwart, Stuttgart 1968.

Reich-Ranicki, Marcel: Ist das Leichte gleich verächtlich? Die Rolle der sogenannten Unterhaltungsindustrie in Deutschland, in: DIE ZEIT, Hamburg, 20. Jg. vom 2.04.1965.

Rischbieter, Henning: Wagnisse an untauglichen Objekten, Stücke von Barlach, Jahnn, Goll und Tieck, in: Theater heute, Berlin/Zürich, Heft 4, April 1961.

Rischbieter, Henning: Wie inszeniert man heute Klassiker?, in: Theater heute, Berlin/Zürich, Heft 5, Mai 1961.

Rommel, Otto: Komik und Lustspieltheorie, in: Deutsche Vierteljahresschrift für Literaturwissenschaft und Geistesgeschichte, 21. Jg., Halle XXI 1943, H. 2.

Rühle, Günther: Theater in unserer Zeit, Frankfurt am Main 1976.

Rühle, Günther: Was soll das Theater? Theater in unserer Zeit. Dritter Band, Frankfurt am Main 1992.

Schlocker, Georges: Volkstheater – aus Agitation zur Kunst (Ein Kapitel moderner französischer Theatergeschichte), in: Schweizer Monatshefte, Heft 1, April 1967.

Schoell, Konrad: Das französische Drama seit dem zweiten Weltkrieg, Bd. I, Konventionelle Formen von Satre bis Sagan, Göttingen 1970.

Schultz-Gerstein, Christian: Das Interesse an der Trivialliteratur, in: Akzente H 5, Oktober 1975.

Slomma, Horst: Sinn und Kunst der Unterhaltung, Berlin DDR 1971.

Steinbach, Dietrich: Der Lektürekanon des Dramas in der Perspektive des Theaterspielplans, in: Deutschunterricht 1967, 1.

Szondi, Peter: Theorie des modernen Dramas 1880-1950, Frankfurt am Main 1976.

Theater heute, Berlin/Zürich Ausgabe 9, September 1960.

Theater heute, Berlin/Zürich, Ausgabe 10, Oktober 1970.

Theater heute, Berlin/Zürich Ausgabe 7, Juli 1992.

Theaterstatistik 1989/90: hrsg. v. Deutschen Bühnenverein, Köln 1990.

Viedebantt, Klaus: Volkstheater im Fernsehen, Unterhaltungserfolg im folkloristischen Aufputz, Diss., Frankfurt/M 1974.

Weinmann, Robert: Literaturgeschichte und Mythologie, Berlin/Weimar 1974.

Weinmann, Robert: Shakespeare und die Tradition des Volkstheaters. Soziologie. Dramaturgie. Gestaltung, Berlin DDR 1967.

Welsch, Wolfgang: Ästhetisches Denken, Stuttgart 1990.

Wendt, Ernst u. Henning Rischbieter: Rückblick auf Theaterereignisse zwischen 1960 und 1980, in: Theater 1980. Das Jahrbuch der Zeitschrift „Theater heute", Berlin/Zürich 1980.

Wendt, Ernst: Wie es euch gefällt geht nicht mehr. Meine Lehrstücke und Endspiele, München/Wien 1985.

Wilms, Bernd: Der Schwank. Dramaturgie und Theatereffekt. Deutsches Trivialtheater 1880-1930, Diss. FU Berlin 1969.

von Wilpert, Gero: Sachwörterbuch der Literatur, 7. verb. u. erw. Aufl., Stuttgart 1989.

Zadek, Peter: Brief an Alan Ayckbourn zu dessen fünfzigsten Geburtstag im April 1989, Archiv des Deutschen Schauspielhauses in Hamburg.

Zadek, Peter: Deutscher Regisseur, Munzinger-Archiv/Int. Biograph. Archiv, Munzingen 1983, Nr. 7/83 K 012134-4/14 Z-MF.

Zadek, Peter: Ich bin ein Schritt nach vorne..., Gespräch mit Peter Zadek, in: Münchner Abendzeitung, München vom 21.12.1984.

Zadek, Peter: Ist der Boulevard progressiv?, in: DIE ZEIT, Hamburg, Nr. 50 vom 8.12.1978, S. 43-44.

Zadek, Peter: Man darf nie das Gefühl von Fertigkeit auf der Bühne haben, Gespräch mit Peter Zadek, in: Mechthild Lange, Peter Zadek, Frankfurt am Main 1989.

Zadek, Peter: Mit minus hundert fang ich an, Gespräch mit Peter Zadek, in: stern, Hamburg, Nr. 40 vom 26.09.1985.

Zadek, Peter: Natürlich muß es sensationell sein, Gespräch mit Peter Zadek, in: DER SPIEGEL, Hamburg, Nr. 43 vom 21.10.1985.

Zadek, Peter: Das offene Theater, Peter Zadek im Gespräch mit Matthias Matussek, Berliner Lektion am 19. Mai 1991, in: Berliner Lektionen 1991. Judith Malina, Peter Zadek, Claudio Magris u.a., Gütersloh 1992, S. 19-47, u. 145.

Zadek, Peter: Sprüche, in: Hamburger Abendblatt, Hamburg vom 28.11.1986.

Zadek, Peter: Theater als Provokation, Gespräch mit Peter Zadek anläßlich seiner Inszenierung von Shakespeares „Heinrich IV.", in: Theater heute, Heft 3, März 1964.

Zadek, Peter: Das wilde Ufer. Ein Theaterbuch, Köln 1990.

Zadek, Peter: Zadek über Frauen, Theater und das Hamburger Publikum, Gespräch mit Peter Zadek, in: BILD-Zeitung, Hamburg vom 14.04.1988.

Zimmermann, Hans Dieter: Schema-Literatur. Ästhetische Norm und literarisches System, Stuttgart 1979.

Zoll, Ralf u. Eike Hennig: Massenmedien und Meinungsbildung. Angebote, Reichweite, Nutzung und Inhalt der Medien in der BRD, München 1970.

Anmerkungen

[1]Peter Zadek, Ist der Boulevard progressiv?, in: DIE ZEIT, Hamburg, Nr. 50 vom 8.12.78, S. 43. Vgl. aber auch: Peter Zadek, Das wilde Ufer. Ein Theaterbuch, Köln 1990, S. 198.

[2]Ebenda.

[3]Vgl. dazu: Ien Ang [Das Gefühl Dallas. Zur Produktion des Trivialen, Bielefeld 1986.], die das Amüsement als etwas Wohlverdientes bezeichnet: Es sei daher unmöglich, „Untersuchungen darüber anzustellen, ob das Vergnügen an Dallas, das auf der Wahrnehmung und der Identifikation mit der tragischen Gefühlsstruktur beruht, als politisch 'gut' oder 'schlecht' einzuschätzen sei; denn dieses Vergnügen ist in erster Linie mit dem fiktionalen Charakter der Positionen und Lösungen, die durch die tragische Gefühlsstruktur aufgebaut werden, nicht aber mit ihrem ideologischen Gehalt verknüpft. Eine derartige Fragestellung würde überdies eine instrumentalistische Konzeption des Vergnügens offenbaren, so als sei das Vergnügen selbst nicht von allzu großer Bedeutung. [...] Fiktion und Phantasie sollen also das Leben in der Gegenwart vergnüglich oder zumindest erträglich gestalten; aber dies schließt keinesfalls radikale politische Aktivitäten oder ein entsprechend radikales Bewußtsein aus." [Ebenda, S. 160.]

[4]Peter Zadek, Das wilde Ufer. Ein Theaterbuch, Köln 1990, S. 344.

[5]Ebenda.

[6]Günther Rühle, Was soll das Theater. Theater in unserer Zeit. Dritter Band, Frankfurt am Main 1992.

[7]Ebenda, S. 7. Vgl. aber auch: Der Spiegel, der im September 1991 bemerkt, die „deutsche Einheit hat auf westdeutschen Bühnen ohnehin kaum stattgefunden". [Ebenda, Nr. 39 vom 23.09.1991, S. 243.]

[8]Zadek 1958, zit. nach: Peter Zadek, Deutscher Regisseur, Munzinger-Archiv/Int. Biograph. Archiv, Munzingen 1983, Nr. 7/83 K 012134-4/14 Z-MF.

[9]Walter Benjamin, Gesammelte Schriften, hg. von Rolf Tiedemann, Hermann Schweppenhäuser u. a., Bd. 1, Frankfurt am Main 1972, S. 503.

[10]Zadek, Das wilde Ufer, S. 299.

[11]Peter Iden, Bums unterm Baum. „Schöne Bescherungen": der Theater-Ausrutscher des Jahres, in: Frankfurter Rundschau, Frankfurt, Nr. 295 vom 21.12.1987.

[12]Zadek, Ist der Boulevard progressiv?, in: DIE ZEIT, vgl. aber auch: Zadek, Das wilde Ufer, S. 198.

[13]Georg Hensel, Spiel's noch einmal. Das Theater der achtziger Jahre, Frankfurt am Main 1991, S. 406.

[14]Neil Postman, Wir amüsieren uns zu Tode. Urteilsbildung im Zeitalter der Unterhaltungsindustrie, Frankfurt am Main 1985.

[15]Umberto Eco, Apokalyptiker und Integrierte. Zur kritischen Kritik der Massenkultur, Frankfurt am Main 1984, S. 9.

[16]Wolfgang Welsch, Ästhetisches Denken, Stuttgart 1990, S. 7.

[17]Hans Dieter Zimmermann, Schema-Literatur. Ästhetische Norm und literarisches System, Stuttgart 1979.

[18]Zadek, Das wilde Ufer, S. 309.

[19]Dabei handelt es sich fast ausschließlich um Dissertationen oder Biographien.

[20]Helmut Prang, Die Geschichte des Lustspiels. Von der Antike bis zur Gegenwart, Stuttgart 1968, S. 364.

[21]Immerhin: das Interesse der Literaturwissenschaft wächst, sich auch mit dem Leser/Hörer/Zuschauer zu beschäftigen. In den Vorlesungsverzeichnissen findet sich schon mal das Thema „Trivial-Literatur", neuerdings sogar „Comics" (namentlich: „graphische Literatur"). Schon 1961 stellt Kitsch-

Kenner Walther Killy fest, daß die Trivialliteratur „eine weitgehend unerforschte Geschichte [hat]". „Sogar dieses Thema nötigt uns, eine Position zu beziehen, und die des Hochmuts wird nicht die rechte sein. Vielmehr könnte es sich verlohnen, ... sie zum Gegenstand der Literaturwissenschaft zu machen, die bislang eine solche Beschäftigung für unwürdig hielt, weil sie, fast wie der Konsument des Kitsches, sich nur den Umgang mit Höherem erlauben wollte." In: Walther Killy, Deutscher Kitsch. Ein Versuch mit Beispielen, Göttingen 1961, S. 24 u. 33.
Zum Thema Theater unter kommunikationstheoretischen Aspekten vgl.: Heinz Kindermann, Die Funktion des Publikums im Theater, Wien 1971.

[22]Literaturwissenschaftliches Wörterbuch für Romanisten, hg. v. Rainer Hess, Mireille Frauenrath, Gustav Siebmann u.a., 3. v. neu bearb. u. erw. Aufl., Tübingen 1989, S. 37f.

[23]Ebenda, S. 32.

[24]Vgl. Neil C. Arvin, Eugène Scribe and the French Theatre 1815 -1860, New York 1967.

[25]Gero von Wilpert, Sachwörterbuch der Literatur, 7. verb. u. erw. Aufl., Stuttgart 1989, S. 111f.

[26]Ebenda, S. 813f.

[27]Konrad Schoell, Das französische Drama seit dem zweiten Weltkrieg, Bd. I, Konventionelle Formen von Sartre bis Sagan, Göttingen 1970, S. 69f.

[28]Ebenda, S. 78f.

[29]Ebenda, S. 71.

[30]Peter Haida, Komödie um 1900. Wandlungen des Gattungsschemas von Hauptmann bis Sternheim, München 1973, S. 157.

[31]Ebenda, S. 125.

[32]Joachim Fiebach, Von Craig zu Brecht - Studien zu Künstlertheorien in der ersten Hälfte des 20. Jahrhunderts, Berlin/DDR 1975, S. 34.

[33]Für 1990/91 liegen exakte statistische Angaben für die Theater in den alten und neuen Ländern im ersten Jahr der 'Wiedervereinigung' vor. Die Theater in der ehemaligen DDR hatten, verglichen mit 1989, in der Spielzeit 90/91 weniger als die Hälfte der Zuschauer: nurmehr etwa 4,2 Millionen gegenüber 9 Millionen im Vorjahr. Vgl.: Theater heute, Berlin/Zürich Ausgabe 7, Juli 1992, S. 54.

[34]Manfred Brauneck und Gérard Schneilin (Hrsg.), Theater Lexikon. Begriffe und Epochen, Bühnen und Ensembles, Reinbek bei Hamburg 1986, S.143.

[35]Zadek, Das wilde Ufer, S. 213.

[36]Brauneck, Theater Lexikon, S. 143, 492, 506, 544, 779, 1025, 1044.

[37]Horst Laube, Schriften über das Theater, Berlin 1959, S. 592.

[38]Otto Rommel, Komik und Lustspieltheorie, in: Deutsche Vierteljahresschrift für Literaturwissenschaft und Geistesgeschichte, 21. Jg., Halle XXI 1943, H. 2, S. 280.

[39]Jakob Michael Reinhold Lenz (1774), Anmerkungen übers Theater, in: Lenz, Werke in einem Band, hrsg. v. Helmut Richter, Berlin und Weimar, 2. Auflage 1975, S. 385f.

[40]Hans Dieter Zimmermann, Schema-Literatur, S. 10. Vgl. hierzu: Walther Killy, Deutscher Kitsch. Ein Versuch mit Beispielen, Göttingen 1961. Kitsch als prompt genießbarer Ersatz der Kunst: „Die Trivialliteratur wendet sich vielmehr an ein Publikum, das ohne Kunstverstand doch der Tröstung durch die Produkte der Phantasie und des funktionierenden Märchens nicht entraten kann." [Ebenda, S. 31.] Killy setzt Kitsch mit Massenkultur, genauer: Kultur des Konsums gleich: Der Kitschkonsum sei eng mit einer kleinbürgerlichen Halbbildung verbunden. „Indem man 'Kunst' konsumierte, glaubte man der höheren Güter teilhaftig zu sein. Der Kleinbürger, welcher sich herrschaftlich kleidete - oder was er für herrschaftlich hielt - griff auch nach der Kunst; genauer gesagt: er griff nach einer Pseudokunst, wel-

che für ihn die Kennzeichen der Kunst zu haben scheint. Der Kitsch wurde zum Mittel einer sozialen Selbstbestätigung." [Ebenda, S. 32.]

[41]Zadek, Das wilde Ufer, S. 202.

[42]Zit. n.: Klaus Viedebantt, Volkstheater im Fernsehen, Unterhaltungserfolg im folkloristischen Aufputz, Diss., Frankfurt/M 1974, S. 74.

[43]Christian Schultz-Gerstein, Das Interesse an der Trivialliteratur, in: Akzente H 5, Oktober 1975, S. 415.

[44]Theodor W. Adorno, Einleitung in die Musiksoziologie, in: Gesammelte Schriften, hrsg. v. Rolf Tiedemann, Bd. 14, Frankfurt am Main 1973, S. 199.

[45]„Kultur-Niveau" ist hier nicht wertend gemeint. Zwischen dem Leser der Lyrik und dem eines Kriminalromans besteht kein Unterschied der gesellschaftlichen Klasse oder des intellektuellen Vermögens. Vgl. dazu: Umberto Eco, Apokalyptiker und Integrierte, S. 55: „Denn nur wenn man die Niveaudifferenzierung als eine den Umständen entsprechende Differenzierung der Nachfrage (und nicht der Nachfragenden) interpretiert, wird man erklären können, warum auf den verschiedenen Niveaus Werke entstehen können, die in ihrem Feld einen kulturell schöpferischen Diskurs in Gang bringen. [...] Erst wenn man akzeptiert, daß die verschiedenen Niveaus komplementär sind und daß sie von allen Mitgliedern derselben Nutzungsgemeinschaft betreten werden können (sollten), läßt sich ein Weg zur kulturellen Verbesserung der Massenmedien öffnen."

[46]Max Horkheimer, Theodor W. Adorno, Dialektik der Aufklärung. Philosophische Fragmente, Frankfurt am Main 1969, S. 123.

[47]Theodor W. Adorno, Ästhetische Theorie, in: Gesammelte Schriften, hrsg. v. Rolf Tiedemann, Bd. 7, Frankfurt am Main 1970, S. 497.

[48]Eco, Apokalyptiker und Integrierte, S. 23.

[49]Marcel Reich-Ranicki, Ist das Leichte gleich vergänglich? Die Rolle der sogenannten Unterhaltungsindustrie in Deutschland, in: DIE ZEIT, Hamburg, 20. Jg. vom 2.04.1965, S. 18.

[50]Vgl.: Martin Greiner, Die Entstehung der modernen Unterhaltungsliteratur. Studien zum Trivialroman des 18. Jahrhunderts, Reinbek 1974, S. 82ff.

[51]Eco, Apokalyptiker und Integrierte, S. 43.

[52]Zadek, Das wilde Ufer, S. 15.

[53]Ebenda, S. 72.

[54]Horst Slomma, Sinn und Kunst der Unterhaltung, Berlin DDR 1971, 49f.

[55]Ebenda.

[56]Zimmermann, Schema-Literatur, S. 26.

[57]Ebenda.

[58]Zadek, Das wilde Ufer, S. 86.

[59]Ebenda.

[60]Ebenda, S. 87.

[61]Umberto Eco, Streit der Interpretationen, Konstanz 1987, S. 49.

[62]Ebenda, S. 49f.

[63]Ebenda, S. 50.

[64]Ebenda, S. 51.

[65]Ebenda.

[66]Zimmermann, Schema-Literatur, S. 34.

[67]Ebenda, S. 35.

[68]Zadek, Das wilde Ufer, S. 81.

[69]Eco, Streit der Interpretationen, S. 49.

[70]Ebenda, S. 52.

[71]Ebenda.

[72]Killy, Deutscher Kitsch, S. 31.

[73]Simone de Beauvoir, Das andere Geschlecht. Sitte und Sexus der Frau, Hamburg 1951, S. 259.

[74]Oskar Negt, Alexander Kluge, Öffentlichkeit und Erfahrung. Zur Organisationsanalyse von bürgerlicher und proletarischer Öffentlichkeit, Frankfurt am Main 1972, S. 444.

[75]Eco, Streit der Interpretationen, S. 54.

[76]Ebenda, S. 55.

[77]Ebenda, S. 56.

[78]Ebenda, S. 56f.

[79]Ebenda, S. 58.

[80]Ebenda, S. 61.

[81]Ebenda, S. 62f.

[82]Ebenda, S. 64.

[83]Ebenda, S. 65.

[84]Ebenda.

[85]Eco, Apokalyptiker und Integrierte, S. 47.

[86]Louis Bosshart, Dynamik der Fernseh-Unterhaltung. Eine kommunikationswissenschaftliche Analyse und Synthese, Freiburg Schweiz 1979, S. 51.

[87]Eco, Apokalyptiker und Integrierte, S. 45.

[88]Vgl. Zimmermann, Schema-Literatur, S. 39.

[89]Vgl. Walter Benjamin, Gesammelte Schriften, Bd. 1, S. 492ff.

[90]Hanspeter Plocher, Ce peuple intelligent - cette masse inerte. Zur Gestalt des Publikums bei Volkstheater und Avantgarde, in: Konrad Schoell (Hrsg.), Avantgardetheater und Volkstheater. Studien zu Drama und Theater des 20. Jahrhunderts in der Romania, Frankfurt am Main 1982, S. 19.

[91]Zadek, zit.n.: Programmheft der Komödie Winterhuder Fährhaus zur Zadek-Inszenierung von Alan Ayckbourns „Ab jetzt", Spielzeit 89/90, S. 16.

[92]Peter Szondi, Theorie des modernen Dramas 1880-1950, Frankfurt am Main 1976, 87f.

[93]Im Gegensatz zu Zadek hat Ayckbourn allerdings noch sein eigenes Theater in Scarborough, das „Stephen Joseph Theatre-in-the Round", zu finanzieren.

[94]Friedrich Luft, Müssen wir lachen?, in: Die Welt, Berlin, Nr. 93 vom 22.04.1976, S. 21.

[95]Demjenigen Leser, der an dieser Stelle einen Frontwechsel des Verfassers auszumachen glaubt, sei gesagt: Dem ist nicht so! Der Verfasser gibt einfach nur zu, daß ihm nicht alle Boulevard-Stücke gleich gut gefallen. Das wirkt geschmäcklerisch - ist es vielleicht sogar. Es gibt blöd gemachtes Boulevard-Theater: Torten, Wasserschlachten, Hosen runter, Männer als Frauen; manchmal ist es sogar reaktionär, weil es von Verunglimpfungen der Minoritäten lebt, weil es die Psychologie des 'kleinen Mannes' beherrscht.

[96]Peter von Becker, Der berühmte Unbekannte - ein Molière der Middleclass? Alan Ayckbourn und seine jüngsten Stücke gehören nicht mehr auf den Boulevard, in: Theater 1987, Jahrbuch der Zeitschrift „Theater heute", Berlin/Zürich 1987, S. 26-38.

[97]Alan Ayckbourn, Boulevard des Bösen, Gespräch mit Alan Ayckbourn, in: Theater heute, Berlin/Zürich, Heft 12 Dezember 1987, S. 41. Ebenda: „Ich hoffe, daß ich ein breiteres Publikum anspreche."

[98]Daten zur Person Alan Ayckbourns vgl. die sehr akribische Dissertation von Uta Bartsch: Alan Ayckbourns Dramenfiguren. Charakterisierung und Charakteristika, Hildesheim u.a. 1986.

[99]v. Becker, Der berühmte Unbekannte - ein Molière der Middleclass?, S. 35.

[100]Peter von Becker/Alan Ayckbourn, „... aber wir kommen alle in den Himmel". Ein Gespräch mit Alan Ayckbourn, in:

161

Theater 1987, Das Jahrbuch der Zeitschrift „Theater heute",
Berlin/Zürich 1987, S. 33.

[101]„Henceforward..." ist Ayckbourns 34. Stück, Uraufführung des Zwei-Akters: Stephen Joseph Theatre-in-the-Round, Scarborough, 30.07.1987. Das Stück, besser: die 'Strichfassung' wurde ein Jahr später veröffentlicht: Alan Ayckbourn, Henceforward..., London 1988.

[102]Ebenda, S. 94.

[103]Zit. nach: Hamburger Abendblatt, Hamburg vom 28.11.1986.

[104]Zadek, Ist der Boulevard progressiv?, in: DIE ZEIT. Vgl. aber auch: Zadek, Das wilde Ufer, S. 198.

[105]Zadek in einem Brief an Alan Ayckbourn zu dessen fünfzigsten Geburtstag, Hamburg im April 1989, Archiv des Deutschen Schauspielhauses in Hamburg.

[106]Ebenda.

[107]Zit. nach: Peter Zadek, Deutscher Regisseur, in: Munzinger Archiv/Int. Biograph. Archiv, Munzingen 1983.

[108]Alan Ayckbourn, Ab jetzt, Deutsch von Corinna Brocher und Peter Zadek, Reinbek bei Hamburg 1989.

[109]Corinna Brocher in einem Brief an den Verfasser vom 15.06.1992.

[110]Matthias Matussek, Zadeks bitterböser Boulevard, in: DER SPIEGEL, Hamburg Nr. 12 vom 20.03.1989, S. 266.

[111]Ayckbourn, Henceforward..., S. 20.

[112]Ayckbourn, Ab jetzt.

[113]Ayckbourn, Henceforward..., S. 7.

[114]Ebenda.

[115]„Henceforward" ist - Pikanterie am Rande - hochsprachliches Englisch.

[116]Ayckbourn, Henceforward..., S. 68.

[117]Ayckbourn, Ab jetzt, S. 80.

[118]Ayckbourn, Henceforward..., S. 90.

[119]Ayckbourn, Ab jetzt, S. 106.

[120]Ebenda, S. 74.

[121]Ayckbourn, Henceforward..., S. 63.

[122]Übersetzer werden hier wahrscheinlich aufschreien: Für sie sei das nur scheinbar eine Erleichterung, denn die Wiedergabe, die genaue, leichte Wiedergabe der Situation sei oft ungleich schwieriger als eine witzige Formulierung.

[123]Alle Stück-Zitate: Ayckbourn, Ab jetzt, S. 12-17.

[124]Zadek in einem Brief an Alan Ayckbourn zu dessen fünfzigsten Geburtstag, Hamburg im April 1989, Archiv des Deutschen Schauspielhauses in Hamburg.

[125]Beispielsweise Friedrich Dürrenmatt: „Ich bin ein Autor des Grotesken, aber nicht des Absurden; das Absurde habe ich nicht gern, weil es heißt - sinnlos." In: Friedrich Dürrenmatt, Ich bin der finsterste Kömödienschreiber, den es gibt, Gespräch mit Friedrich Dürrenmatt, in: DIE ZEIT, Nr. 34 vom 16.08.1985. Vgl. aber auch: Fritz J. Raddatz, ZEIT-Gespräche, Dialoge mit Günther Anders, Raymond Aron u.a., Frankfurt am Main 1986, S. 207.

[126]Volker Klotz, Bürgerliches Lachtheater. Komödie - Posse - Schwank - Operette, München 1980.

[127]Ebenda, S. 156.

[128]Ebenda.

[129]Ebenda, S. 170.

[130]Ebenda, S. 157.

[131]Sigrid Löffler, Schreckensvision, Zukunftsschwank, in: Theater heute, Berlin/Zürich Nr. 5/89, S. 25.

[132]Klotz, Bürgerliches Lachtheater, S. 156.

[133]Ebenda, S. 157.

[134]Ayckbourn, Ab jetzt, S. 47-51.

[135]Klotz, Bürgerliches Lachtheater, S. 184.

[136]Ebenda.

[137]Ayckbourn, Ab jetzt, S. 54f.

[138]Ebenda, S. 97.

[139]Klotz, Bürgerliches Lachtheater, S. 158.

[140]Ebenda, S. 160.

[141]Ebenda, S. 161.

[142]Ebenda, S. 160.

[143]Ebenda, S.165.

[144]Ayckbourn, Ab jetzt, S. 93f.

[145]Zadek benutzt diesen Begriff in seinem Brief an Ayckbourn zu dessen fünfzigsten Geburtstag, Hamburg im April 1989, Archiv des Deutschen Schauspielhauses in Hamburg.

[146]Ayckbourn, Ab jetzt, S. 105. Vgl. aber auch: Ayckbourn, Henceforward..., S. 89: „If human beings behaved a bit less like human beings and a bit more like machines, we'd all be better off.".

[147]Ebenda, S. 110.

[148]Die Musik schrieb Peer Raben, ein enger Freund Zadeks und in dessen Inszenierungen immer für die Musik zuständig.

[149]Löffler, Schreckensvision, Zukunftsschwank, in: Theater heute, S. 26.

[150]Klotz, Bürgerliches Lachtheater, S. 167.

[151]Ebenda, S. 184.

[152]Theater heute, Berlin/Zürich, Heft 5 v. Mai 1989, S. 28.

[153]Zadek in einem Brief an den Verfasser, vom 30.04.1992.

[154]Welsch, Ästhetisches Denken, S. 18.

[155]Ebenda, S. 19.

[156]Ebenda, S. 18.

[157]Ebenda, S. 10. Anästhetik verwendet Welsch als Gegenbegriff zu Ästhetik. Es hat nichts mit Un-Ästhetik oder Anti-Ästhetik zu tun. „Ästhetisierung ... erfolgt als Anästhetisierung." [Ebenda, S. 14.].

[158]Ebenda, S. 10.

[159]Ebenda, S. 16.

[160]Ayckbourn, Ab jetzt, S. 30

[161]Ebenda, S. 105.

[162]Horkheimer/Adorno, Dialektik der Aufklärung, S. 42-74.

[163]Peter Zadek, Das offene Theater, Peter Zadek im Gespräch mit Matthias Matussek, Berliner Lektion am 19. Mai 1991, in: Berliner Lektionen 1991. Judith Malina, Peter Zadek, Claudio Magris u.a., Gütersloh 1992, S. 145.

[164]Ayckbourn, Ab jetzt, S. 30.

[165]Welsch, Ästhetischen Denken, S. 67.

[166]Ebenda.

[167]Peter Zadek, Natürlich muß es sensationell sein", Gespräch mit Peter Zadek, in: DER SPIEGEL, Hamburg, Nr. 43 vom 21.10.1985.

[168]Welsch, Ästhetisches Denken, S. 68.

[169]Zadek, Das offene Theater, S. 47.

[170]Welsch, Ästhetisches Denken, S. 68.

[171]Gudrun Leisentritt, Das eindimensionale Theater. Beitrag zur Soziologie des Boulevardtheaters, Diss. München 1979, S. 281.

[172]Ebenda.

[173]Vgl.: Horst Holzer, Illustrierte und Gesellschaft, Freiburg 1967. Holzer stellt eine Tendenz fest, alle Nachrichten zu personifizieren, so daß soziale Probleme auf individualpsychologische reduziert werden. [Ebenda, S. 147.] Vgl. aber auch: Adorno, der von einer „infantilen Personalisierung der Politik" spricht. Theodor W. Adorno, Fernsehen als Ideologie, in: Eingriffe. Neun kritische Modelle, Frankfurt am Main 1963, S. 86.

[174]Susanne Lothars Zitate finden sich in einem Fragenkatalog, den der Verfasser im August 1992 der Schauspielerin zukommen ließ.

[175]Bertolt Brecht, Archivmappe, 49. Blatt 08, zit. n.: Rülik-ke-Weiler, Die Dramaturgie Brechts, Berlin DDR 1968.

[176]Bernd Wilms, Der Schwank. Dramaturgie und Theateref-fekt. Deutsches Trivialtheater 1880-1930, Diss. FU Berlin 1969, S. 21. „Gebrauchsstücke fordern nicht heraus, auch das Theater nicht, sie stellen es niemals vor neue Aufgaben." [Ebenda.]

[177]Ebenda, S. 232.

[178]Vgl. Robert Weinmann, Shakespeare und die Tradition des Volkstheaters. Soziologie. Dramaturgie. Gestaltung, Berlin DDR 1967. [Marxistisches Standardwerk mit Modell-charakter für eine methodisch gepflegte Integration der volks-tümlichen Komponente in die allgemeinere Literatur- und Theatergeschichte; informiert wird über Mimus, Folk-Drama und Volksbrauch, Misterienspiele, Moralität und Interludium, volkstümliches Renaissance-Theater und Shakespeare.] Vgl. aber auch: Robert Weinmann, Literaturgeschichte und My-thologie, Berlin/Weimar 1974, S. 105.

[179]Ebenda.

[180]Leisentritt, Das eindimensionale Theater, S. 211.

[181]Ebenda, S. 213.

[182]Zit. n.: Welsch, Ästhetisches Denken, S. 51.

[183]Vgl. dazu: Ulrich Greiner, Beethoven. Roll over Beetho-ven. Roller skating mit Beethoven, in: DIE ZEIT, Hamburg vom 18.04.1986. „Die Differenzierung mittels Ästhetik ist an die Stelle der Statussymbole getreten. Aber: Kunst ist viel seltener, als es scheint." [Ebenda.].

[184]Welsch, Ästhetisches Denken, S. 64.

[185]Leisentritt, Das eindimensionale Theater, S. 224.

[186]Ebenda.

[187]Ebenda.

[188]Harold Mendelsohn, Mass Entertainment, New Haven 1966, p. 88.

[189]Kurt Hübner, Jahrgang 1916, engagierte Zadek 1960 an das Ulmer Theater, nahm ihn 1962 als Schauspieldirektor mit nach Bremen, wo Zadek bis 1967 blieb. Von 1973 bis 1986 war Kurt Hübner Intendant der Freien Volksbühne Berlin.

[190]Kurt Hübner, Man merkt jetzt, daß er sehr weit von Moden entfernt inszeniert hat, Gespräch mit Kurt Hübner, in: Mechthild Lange, Peter Zadek, Frankfurt am Main 1989, S. 127f.

[191]Leisentritt, Das eindimensionale Theater, S. 225.

[192]Ein undemokratisches Element darf jedoch nicht unter den Tisch fallen: Auch wenn das Boulevard-Theater für ein breites Publikum da ist, vom Eintrittspreis her schließt es breitere Bevölkerungsschichten aus. Der Abend ist nicht billig!

[193]Klotz, Bürgerliches Lachtheater, S. 181.

[194]Ebenda.

[195]Ebenda.

[196]Peter Zadek, Man darf nie das Gefühl von Fertigkeit auf der Bühne haben, Gespräch mit Peter Zadek, in: Mechthild Lange, Peter Zadek, Frankfurt am Main 1989, S. 57.

[197]Ebenda, S. 56.

[198]Benjamin, Gesammelte Schriften, S. 503.

[199]Zadek, Das wilde Ufer, S. 202f.

[200]Postman, Wir amüsieren uns zu Tode, S. 198.

[201]Georges Schlocker, Volkstheater - aus Agitation zur Kunst (Ein Kapitel moderner französischer Theatergeschichte), in: Schweizer Monatshefte, Heft 1, April 1967, S. 80.

[202]Alan Ayckbourn, Der Zwiespalt von Leben und Kunst, Gespräch mit Alan Ayckbourn, in: Theater heute, Heft 5 Mai 1989, S. 34.

[203]Zadek, Das wilde Ufer, S. 280.

[204]Hensel, Spiel's noch einmal, S. 406.

[205]Der „Bundesverband der deutschen Volksbühnen-Vereine e. V." veröffentlichte Ende 1983 ein alarmierendes Zahlen-

Werk. Laut dieser Statistik gingen in der Spielzeit 64/65 noch 20,4 Millionen Kunsthungrige ins Theater, so waren es in der Saison 81/82 nur noch 17 Millionen. Besonders betroffen von der Theatermüdigkeit waren das Schauspiel Frankfurt und die Städtischen Bühnen Köln. Der Zuschauerschwund betrug an diesen Bühnen zwischen 67 und 72 Prozent! Vgl. dazu: Bühne und Parkett. Theater-Journal. Volksbühnen-Spiegel, hrsg. v. Bundesverband der deutschen Volksbühnen-Vereine e.V., Berlin, Ausgaben 6/83 u. 1/84. Erholt haben sich die Theater auch heute noch nicht. Die Platzausnutzung stagniert (ausgenommen reine Musical-Bühnen). Sinkende Besucherzahlen und steigende Kosten sind die Regel. Vgl. dazu: Theaterstatistik 1989/90, hrsg. v. Deutschen Bühnenverein, Köln 1990.

[206]Hensel, Spiel's noch einmal, S. 405.

[207]Ebenda, S. 409.

[208]Georg Hensel, Das ist die Liebe der Maschinen. Peter Zadek auf dem Boulevard: er inszeniert Ayckbourn im Theater am Kurfürstendamm, in: FAZ, Frankfurt vom 18. 03. 1989.

[209]Peter Zadek, Ich bin ein Schritt nach vorne... AZ-Gespräch mit Hamburgs neuem Intendanten Zadek, Gespräch mit Peter Zadek, in: Münchner Abendzeitung, München vom 21.12.1984.

[210]Ebenda.

[211]Bosshart, Dynamik der Fernseh-Unterhaltung, S. 211.

[212]Leisentritt, Das eindimensionale Theater, S. 200.

[213]Ang, Das Gefühl Dallas, S. 101.

[214]Horst Holzer, Kommunikationssoziologie, Reinbek bei Hamburg 1973, S. 170.

[215]Ralf Zoll/Eike Hennig, Massenmedien und Meinungsbildung. Angebote, Reichweite, Nutzung und Inhalt der Medien in der BRD, München 1970, S. 166.

[216]Bosshart, Dynamik der Fernseh-Unterhaltung, S. 212.

[217]Peter Zadek 1987, in: Zadek, Das wilde Ufer, S. 76.

[218]Ernst Wendt/Henning Rischbieter, Rückblick auf Theatereignisse zwischen 1960 und 1980, in: Theater 1980. Das Jahrbuch der Zeitschrift „Theater heute", Berlin/Zürich 1980, S. 86.

[219]Peter Zadek, Theater als Provokation, Gespräch mit Peter Zadek anläßlich seiner Inszenierung von Shakespeares „Heinrich IV.", in: Theater heute, Ausgabe 3, März 1964, S. 23.

[220]Theater heute, Berlin/Zürich, Ausgabe 9, September 1960, S. 1.

[221]Henning Rischbieter, Wie inszeniert man heute Klassiker?, in: Theater heute, Berlin/Zürich, Ausgabe 5, Mai 1961, S. 3.

[222]Zadek 1967 im Programmheft zu seiner Inszenierung von Shakespeares „Maß für Maß" in Bremen, zit. n.: Zadek, Das wilde Ufer, S. 81.

[223]Ebenda.

[224]Zadek 1974, Freiheit auf der Bühne. Eine Rede, gehalten in der Katholischen Akademie in München, zit. n.: Zadek, Das wilde Ufer, S. 94.

[225]Ebenda.

[226]Ebenda, S. 98.

[227]Peter Zadek, Zadek über Frauen, Theater und das Hamburger Publikum, Gespräch mit Peter Zadek, in: BILD-Zeitung, Hamburg vom 14.04.1988, S. 8.

[228]Ebenda. „Es freut mich, wenn Leute in meine Aufführungen kommen und das Gefühl haben, da ist es wie auf der Straße." [Ebenda.].

[229]„Spiegel" und „Imitation" des Lebens sind für Zadek grundverschiedene Dinge, da das Artifizielle einen hohen Stellenwert hat. Den Regisseur interessiert und fasziniert Künstlichkeit, „sonst würde ich nicht Theater machen, denn da ist ja alles künstlich. Aber ich probiere auf irgendeine

komische Weise immer die Realität hineinzuziehen oder erkennbar zu machen". In: Zadek, Das offene Theater, S. 30.

[230]Ernst Wendt, Wie es euch gefällt geht nicht mehr. Meine Lehrstücke und Endspiele, München/Wien 1985, S. 276.

[231]Ebenda, S. 272.

[232]Herbert Ihering, Reinhardt, Jessner, Piscator oder Klassikertod? (1929), in: Ihering, Der Kampf um das Theater und andere Streitschriften, 1918 bis 1933, Berlin 1974, S. 323.

[233]Friedrich Dürrenmatt, Theaterprobleme 1954, zit. n.: Theater 1991, Das Jahrbuch der Zeitschrift „Theater heute", Berlin/Zürich 1991, S. 40.
Statistiken zeigten, daß Schiller in den Jahren 1965-67 nach Shakespeare und Brecht den dritten Platz im Theaterspielplan der Bundesrepublik einnahm. Vgl. dazu: Dietrich Steinbach, Der Lektürekanon des Dramas in der Perspektive des Theaterspielplans, in: Der Deutschunterricht 1967, 1, S. 72 ff. Vgl. aber auch: Was wird bei uns gespielt? Versuch einer quantitativen Analyse der Spielpläne der letzten anderthalb Jahrzehnte, in: Theater heute, Ausgabe 10, Berlin/Zürich Oktober 1970, S. 52-53.

[234]Zadek, Das wilde Ufer, S. 80.

[235]Rühle, Was soll das Theater?, S. 81.

[236]Ebenda, S. 82.

[237]Zit. n.: Lange, Peter Zadek, S. 10.

[238]Vgl. dazu: Henning Rischbieter, Wagnisse an untauglichen Objekten, Stücke von Barlach, Jahnn, Goll und Tieck, in: Theater heute, Berlin/Zürich, Ausg. 4, April 1961, S. 5.

[239]Ferdinand Piedmont, Tendenzen moderner Schiller-Aufführungen 1965-1975, in: Jahrbuch der deutschen Schillergesellschaft, Bd. 21, 1977, S. 247.

[240]Rühle, Was soll das Theater, S. 84.

[241]Inszeniert unter Hübner in Bremen.

[242]Hübner, Man merkt jetzt, daß er sehr weit von Moden entfernt inszeniert hat, in: Lange, Peter Zadek, S. 131.

[243]Zadek, Das wilde Ufer, S. 93.

[244]Piedmont, Tendenzen moderner Schiller-Aufführungen, S. 248.

[245]Zadek, Das wilde Ufer, S. 49.

[246]Rühle, Was soll das Theater?, S. 85.

[247]Ebenda.

[248]Joachim Hintze, Ansätze zu einer neuen Klassikerrezeption auf dem Theater der Bundesrepublik. Ein Beitrag zur Geschichte und Gegenwart des Klassikerbildes in Deutschland, in: Holger Sandig (Hrsg.), Klassiker heute, München 1972, S. 111.

[249]Ebenda.

[250]Zadek, Das wilde Ufer, S. 82.

[251]Hintze, Ansätze zu einer neuen Klassikerrezeption auf dem Theater der Bundesrepublik, S. 111.

[252]Langweilen wollte Brecht natürlich nicht. Schon 1936 bemerkt er: „Das Theater bleibt Theater, auch wenn es Lehrtheater ist, und soweit es gutes Theater ist, ist es amüsant." Vgl. Bertolt Brecht, Das epische Theater, in: Brecht, Die Stücke von Bertolt Brecht in einem Band, Frankfurt am Main 1978, S. 987.

[253]Zadek, Das wilde Ufer, S. 99.

[254]Peter Palitzsch, Mit der Kunst den Bären reizen, Gespräch mit Peter Palitzsch, in: Die Welt, Berlin vom 15.01.1969.

[255]Zadek (1972), in: Das wilde Ufer, S. 109.

[256]Ebenda, S. 111.

[257]Günther Rühle, Theater in unserer Zeit, Frankfurt am Main 1976, S. 235.

[258]Zadek, Das wilde Ufer, S. 103.

[259]Peter Zadek, Mit minus hundert fang ich an, Interview mit Peter Zadek, in: stern, Hamburg, Nr. 40 vom 26.09.1985, S. 151.

[260]Zadek, Das wilde Ufer, S. 15.

171

[261]Hermann Bausinger, in: Börsenblatt für den deutschen Buchhandel, Frankfurter Ausgabe, 14. Jg., Juni 1968, H. 50, S. 1501-1506.

[262]Welsch, Ästhetisches Denken, S. 57.